本书系中国教育部中国广告人才培养基金项目之重大项目"中国广告创新型教育模式研究"、广东省高等教育教学改革项目之重点项目"广告学创新人才培养的研究与实践"、媒体国家级实验教学示范中心（暨南大学）研究成果

岭南广告学派丛书

中国广告
创新型教育模式研究

杨先顺　朱　磊　主编

<<<<

暨南大学出版社
JINAN UNIVERSITY PRESS

中国·广州

编写委员会名单

主　　编　杨先顺　朱　磊
副 主 编　星　亮　谷　虹
编委会成员（按姓氏音序排序）
　　　　　陈韵博　谷　虹　李　苗　万木春
　　　　　王天权　星　亮　杨先顺　阳　翼
　　　　　朱　磊
调研组成员（按姓氏音序排序）
　　　　　安　佳　程　伟　李　霞　李　叶
　　　　　刘佳丽　刘　俊　刘雯婷　邱湘敏
　　　　　苏丽萍　王　慧　王一晶　张山竞
　　　　　周　韵

时代孕育梦想，责任催生行动

　　创建岭南广告学派——这是一位德高望重的广告传奇人物的梦想，也是几代广东广告人的共同期待，更是岭南广告学者的责任与使命！

　　2015年3月6日傍晚，一个令人震惊的消息在微信朋友圈迅速传开，人们将信将疑，但最后不得不面对这一残酷的现实：被尊为"中国广告界教父"的广东黑马广告有限公司董事长张小平先生（即黑马大叔）与世长辞。"跨界奇人，如今真臻化境；脱缰黑马，从此任性天堂。"（《羊城晚报》标题）时过两年多，黑马大叔的音容笑貌依然历历在目，谆谆嘱托依然在我们耳边回响。在去世前的几年，他曾在多种场合提出创建岭南广告学派。在2014年召开的第二届数字营销传播研究与应用国际研讨会暨大广告专业创办二十周年庆典大会上，他特别强调广东广告学界应大胆创立"岭南广告学派"，形成自己的研究特色。为完成黑马大叔的生前愿望，秉承其敬畏专业、热心公益的"黑马精神"，广州市广告行业协会学术委员会常务委员会议决定，整合广州各高校广告学研究的力量，出版"岭南广告学派丛书"。

　　众所周知，在中华文化的璀璨星空中岭南文化独放异彩，熠熠生辉。岭南文化具有独特的精神气质：开放包容、敢为人先、求真务实等。其中岭南画派更以其独树一帜的画法成为中国美术史上的瑰丽宝石，被誉为"中国传统国画中的革命派"。在岭南文化的浸润之下，改革开放后的广东广告业也呈现出勃勃生机，一度成为中国广告界的排头兵和生力军，创造了当代中国广告史上的诸多奇迹：在国内最早导入CI理论与实务，报纸广告量曾居全国之首，全国最早创办大型日报的广告版，各类广告大奖的获奖数量与质量在国内名列前茅，中国广告第一股（省广股份）成功上市，国内第一家本土4A协会（广州市广告协会综合性广告代理公司委员会）在羊城诞生等。随着数字化时代的来临，广东广告界加快了数字化转型的步伐，一些数字营销公司也在迅速成长，蔚为壮观。

　　在广告学界，1985年暨南大学傅汉章教授等冒着被某些极左人士批判的风险，出版《广告学》一书，在全国产生了广泛影响。20世纪90年代中山大学市场营销学专家卢泰宏教授等出版《广告创意100》，一度成为炙手可热的畅销书。1997年暨南大学传播学专家吴文虎教授出版《广告的符号世界》，这是国内首次运用符号学理论研究广告的专著。近年来广东广告学者也紧跟信息革命的大潮，开始进行将研究领域转向数字化时代广告的转型、变革与升级。在这过程中，一批颇有影响力的著作涌现出来，如华南理工大学段淳林教授的《整合品牌传播——从IMC到IBC理论建构》，深圳大学吴予敏教授的《广告学研究专题导引》，暨南大学星亮教授的《演进与诠释：营销传播学理论演进研究》、阳翼教授的《数字营销》、谷虹副教授的《品牌智能：数字营销传播的核心理念与实战指南》等。广东各相关高校的广告教育也各具特色、精彩纷呈。1989年深圳大学在广东率先创建广告学本科专业，在教学上倡导"从作业到作品、从作品到产品"的实战理念，教学成果丰硕。2011年暨南大学成功申报新闻传播学一级学科博士点，在华南地区首设广告学专业博士点，在本、硕、博的人才培养上侧重于数字营销传播的实践和研究，曾培养出戛纳国际创意节（原名"戛纳国际广告节"）金奖和银奖得主。华南理工大学广告学专业则侧重品牌传播方向，注重产学研结合和文理交融，其毕业生颇受大型企业的欢迎。中山大学在媒体创意、新媒体传播和公共关系的教学上具有强劲的实力，逐步形成"以通识教育为基础、以创意教育为中心、以实践教学为重点"的教学特色。广州美术学院依托国家广告产业园，将校外著名企业引进校园，探索出人才培养的新路径。广东轻工职业技术学院近些年异军突起，被列入国家示范性高职院校建设单位，其学生在各类广告赛事中屡获大奖，形成了著名的"广轻现象"。此外，广州大学广告学专业围绕"培养新媒体广告人才"这一定位，在本科生和硕士研究生教学上推出新媒体广告人才的"1+2+3"校企协同培育模式，推进广东省教学质量工程——卓越广告人才培养计划的实施，注重与广州企业的产学研合作，服务本地经济；广东外语外贸大学借助外语优势培养国际化广告人才；华南农业大学的黑天工作室形成了独特的教学模式，取得了可观的成果；广东财经大学广告学专业则以经济学科为依托，培养广告策划、设计与经营管理人才等。

总之，广东广告业界的实践探索和广告学界的研究与教学为岭南广告学派的建立奠定了良好的基础。

岭南广告学派旨在弘扬岭南文化的精神气质，在广告研究领域努力形成自己的特色，追逐岭南广告人的学术梦想。岭南广告学派至少应具有如下三个特点：

首先是前沿性。岭南地处改革开放的前沿阵地，历代变革之思想与改革之行动大都源于广东，所以在广告学术研究上亦应如此。面对经济的转型、媒体的剧变和市场的跌宕，中国广告的未来将走向何方？对此岭南广告学派必须有与时俱进、新颖独到、高瞻远瞩的理论回应。

其次是务实性。求真务实，不慕虚名，不从理论到理论，不从概念到概念，这是岭南文化的优良传统，理应成为岭南广告学派又一重要的价值取向。目前国内有关广告学的研究主要有四种范式，一是从广告实务中归纳总结广告运作的原理和工具，因其大都是广告从业者对经验的凝练和提升，此可谓经验式的研究；二是运用经济学、社会学、心理学和传播学的研究方法，对广告学的各类微观问题进行深入细致的定量研究，提出改进和优化现有广告的建议，此可谓实证式的研究；三是以开阔的视野、敏锐的洞察、充分的理据，从宏观上总结广告演进和发展的趋势，此可谓引领式的研究；四是从文化批判的角度反思广告的负面效应及其根源，并对广告如何健康、有序和规范地发展提出建言，此可谓批判式的研究。无论哪一种范式，其研究终归都是为广告实践提供实实在在的指导和帮助。

最后是跨界性。这是岭南文化的开放包容性对岭南广告研究的一种应然要求。黑马大叔本人就被誉为"跨界艺术家"，他活跃于广告界、艺术界和慈善界，成绩斐然。2008 年蓝色创意集团编写的《跨界》一书出版，该书认为"跨界不只是一种行为，更是一种思维方式"。岭南广告学派的跨界性表现在：营销与传播的融合、人文和技术的对接、数据分析和创意设计的联姻、业界与学界的互动、本土和国际的交融、艺术和科学的协同等。

鉴于广东各高校在广告学研究方面的不同特色，"岭南广告学派丛书"中的著作既要有统一的学术追求，又需有不同的研究旨趣，因此本丛书将从不同的研究系列展开，如数字营销传播研究系列、品牌传播研究系列、广告文化研究系列、设计创意研究系列、应用执行研究系列等。

黑马大叔曾说："活着，能做点事，幸甚！活着，能为人做点事，缘分！活着，能为人类做点事，本分！"让我们以此共勉，共同追随黑马大叔的梦想，共同担当时代的重任，共同见证岭南广告学派的荣耀！

杨先顺

2017 年 9 月于暨南园

目 录

上编　"中国广告创新型教育模式研究"系列调查

创新型广告人才教育调查总报告

一、调查概要

（一）调查背景

在改革开放的三十多年内，从实现零的突破开始，中国的广告教育就与中国广告事业同步成长，并逐渐走向成熟。时至今日，中国高校的广告教育开展得如火如荼，有500多间院校设有广告学及与广告学相关的专业。

在我国这三十多年的广告教育发展过程中，广告教育理论作为经验的总结和探索的指导，一直发挥着举足轻重的作用，并且近十年来，在学术研究领域逐渐形成了一个讨论的中心热点。但纵观当代中国广告教育的研究成果，可以发现有三点不足：第一，经验性的总结较多，结合现代教育理论的研究成果有待加强；第二，零散的、微观层面的专项研究较深入，但具有宏观指导意义的系统研究有待进一步开掘；第三，定性研究为主，实证性研究较为贫乏。

与国际接轨的需要以及高科技的发展给传播媒介和广告教育带来了巨大的挑战。因此，针对目前中国广告教育研究的不足，教育部与电通公司开展了"电通·中国广告人才培养基金项目"，并委托暨南大学新闻与传播学院广告系对其子项目"中国广告创新型教育模式研究"实施调研。

该调研报告共分为四篇，分别是"高校篇""广告公司篇""媒体篇""企业篇"。本调查报告的撰写基于"高校篇""广告公司篇""媒体篇""企业篇"数据的综合整理。

（二）研究框架和研究目标

本次调查通过对中国11所高校广告学专业的376名师生以及68家用人单位（包括28家广告公司、20家媒体以及20家企业）进行定量问卷调查，试图探索出一套符合中国国情的广告创新型教育模式。本次调查依据的研究框架如图1所示。

中国广告创新型教育模式研究

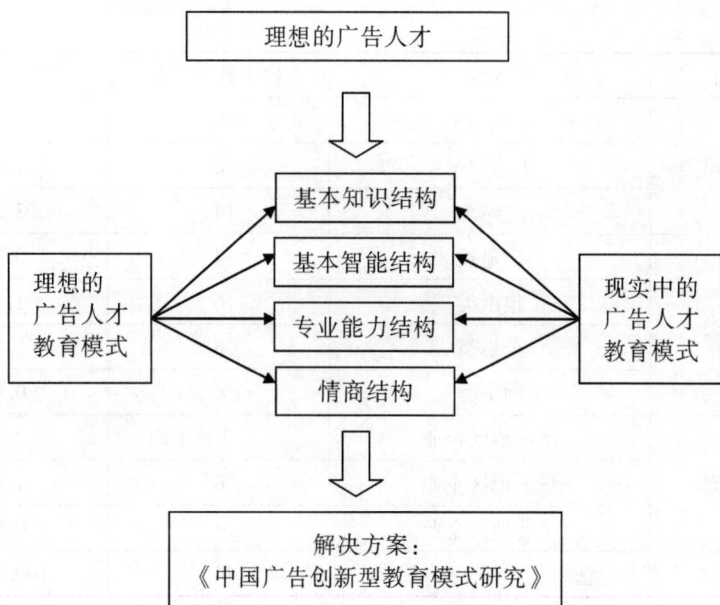

図 1　《中国广告创新型教育模式研究》基本框架

（三）调查实施方法

暨南大学新闻与传播学院广告系于 2007 年 10 月成立课题小组，确定操作程序。在征求相关人员的意见之后开始设计调查问卷，确定调研方案。调查实施的时间是 2007 年 10 月至 2008 年 1 月。本调查为自填式问卷的非随机调查，抽样方式为配额抽样。各调查单位问卷分布状况见表 1。

表 1　各调查单位问卷分布状况 （样本 = 444）

类别	区域	样本数（个）	百分比（%）
高校类	东北地区高校	40	9.0
	西北地区高校	34	7.7
	华北地区高校	106	23.9
	华中地区高校	37	8.3
	华东地区高校	39	8.8
	华南地区高校	64	14.4
	香港地区高校	56	12.6

（续上表）

类别	区域	样本数（个）	百分比（%）
广告公司类	国际4A	8	1.8
	广州4A	6	1.4
	非4A	14	3.2
媒体类	广电类	4	0.9
	报纸类	6	1.4
	杂志类	6	1.4
	网络类	4	0.9
企业类	华南地区企业	10	2.3
	华东地区企业	6	1.4
	华北地区企业	4	0.9
总计		444	100.0

注：因四舍五入的关系，因而百分数总和不一定等于100%。以下同。

本次调查中，教师的样本数是63个，其中男性比例占55.6%，女性比例占42.9%；学生的样本数是313个，其中男性的比例是34.5%，女性的比例是64.5%；业界职员的样本数是68个，其中男性占58.2%，女性占40.3%。具体数据见表2。

表2　被访者性别分布状况（样本＝444）

	人数	男（%）	女（%）	无回答（%）
教师	63	55.6	42.9	1.6
学生	313	34.5	64.5	1.0
业界职员	68	58.2	40.3	1.5
总计	444	41.0	57.7	1.3

（四）数据处理

回收调查问卷，在 Microsoft Office Excel 2003 中进行数据录入，并以 SPSS13.0 软件进行逻辑查错与净化处理，形成最终数据库，研究过程中使用 SPSS13.0 软件进行统计分析。分析方法上主要用到频数分析和态度差异量表赋值法。

中国广告创新型教育模式研究

二、调查结果

（一）广告人才教育现状评价

在"您认为现有广告教育模式是否有利于培养创新型广告人才"的调查项目中，学界共有 376 个样本，选择"不太利于"与"很不利于"的被访者将近一半，占被访者总数的 48.9%；业界共有 68 个样本，也有超过三成（39.7%）的被访者选择"不太利于"与"很不利于"。在妨碍培养创新型广告人才的因素调查中，除了都认为"教学体制"为最大的妨碍因素之外，学界比较偏重于选择"师资力量和水平""教学条件"等教学硬件；而业界则比较倾向于选择"教学观念""教学方法和手段"等教学软件。

在"您认为现有广告教育模式是否有利于培养创新型广告人才"的调查项目中，对比学界和业界的数据我们发现，不论学界还是业界，对"现有广告教育模式对培养创新型广告人才"普遍持非肯定态度。其中，在学界 376 个样本中，选择"不太利于"与"很不利于"的被访者将近一半，占被访者总数的 48.9%；业界的 68 个样本中，也有超过三成（39.7%）的被访者选择"不太利于"与"很不利于"。具体数据见表 3。

表 3　现有广告教育模式是否有利于培养创新型广告人才

		很不利于	不太利于	不好说	比较有利于	非常有利于	无回答	合计
学界	频次	37	147	111	66	13	2	376
	百分比（%）	9.8	39.1	29.5	17.6	3.5	0.5	100
业界	频次	3	24	26	13	2	0	68
	百分比（%）	4.4	35.3	38.2	19.1	2.9	0	100

该调查项目的雷达图（见图 2），也清晰地呈现了学界和业界在此问题上的态度，两方基本一致。

上编　『中国广告创新型教育模式研究』系列调查

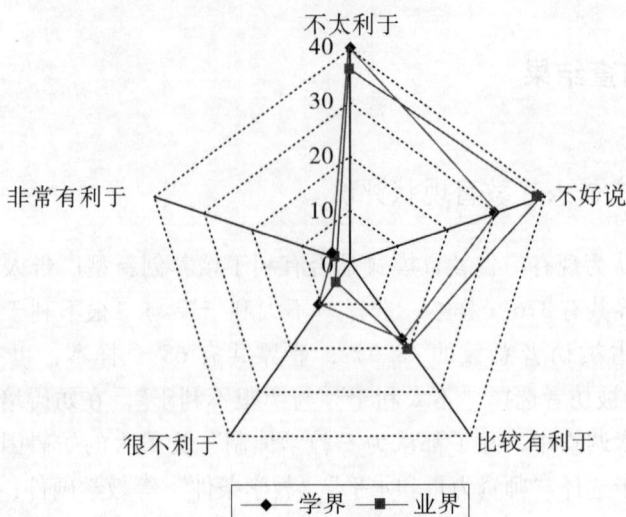

图2　现有广告教育模式是否有利于培养创新型广告人才

　　在接下来"您认为中国高校现有的广告教育模式中有哪些方面妨碍了创新型广告人才培养"的调查项目中，学界调查所得的数据显示，排在前三位的妨碍因素分别是"教学体制""师资力量和水平""教学条件"；业界调查所得的数据则显示，排在前三位的妨碍因素分别是"教学体制""教学观念""课程体系"（见表4）。除了都认为"教学体制"为最大的妨碍因素之外，两方在该项目的认知上存在一定的差异，这可从该项目的雷达图（见图3）中清晰地发现：在妨碍培养创新型广告人才的因素调查中，学界比较偏向于选择"师资力量和水平""教学条件"等教学硬件；而业界则比较倾向于选择"教学观念""教学方法和手段"等教学软件。

表4　现有广告教育模式中妨碍创新型广告人才培养的因素

单位：分

	样本数（个）	教学体制	师资力量和水平	教学条件	课程体系	教学内容	教学方法和手段	教学观念	学生素质	其他可能性因素	无回答
学界	376	7.51	7.28	5.68	5.55	5.29	5.29	4.43	2.43	0.53	0
业界	68	7.37	5.14	3.52	6.04	5.59	5.96	6.96	2.22	1.05	0.14

　　注：妨碍因素按严重程度划分，得分越高越严重。另外，学界包括高校；业界包括广告公司、媒体、企业。

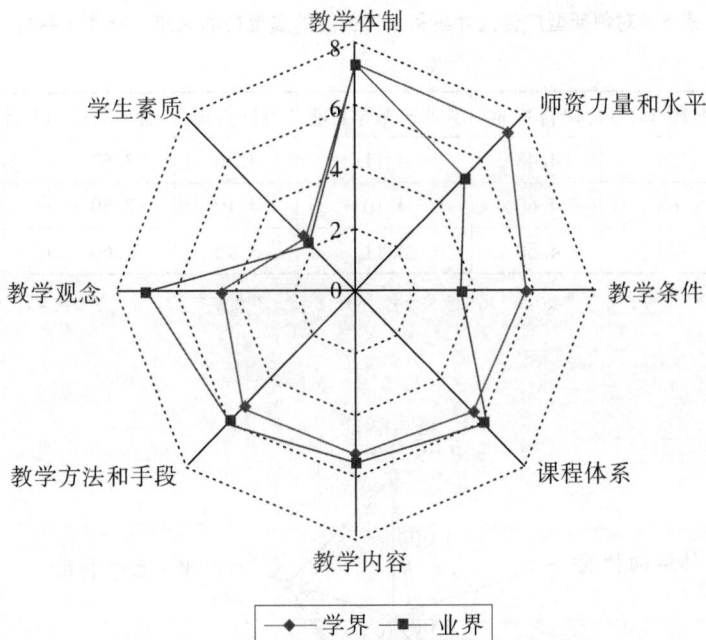

图3　现有广告教育模式中妨碍创新型广告人才培养的因素

（二）创新型广告人才能力系统评价

从基本的智能结构来看，在学界和业界中，"语言智能"被认为是人类五种智能中最为重要的方面；而"空间智能"的重要性在业界的认识中则更高。另外，不管是在学界还是业界，情商的五个方面都被认为重要性比较高。

在专业能力结构方面，学界与业界对专业基本能力中"创意能力"的评价反差较大，而"分析能力"反差较小；"广告策划能力"在学界和业界当中都被认为是最重要的专业特殊能力；"广告提案能力"在业界当中多出近0.2分，"效果分析能力"在学界当中多出近0.1分；"广告战略能力"重要性的评价在学界较高；"广告研究能力"在业界的评价较高。

1. 基本的智能结构评价

在学界中，"语言智能"被认为是人类五种智能中最为重要的方面（得分是4.48），在业界的结论也一样。总体看来，"语言智能"的重要性程度比其他方面的智能要高；"身体运动智能"的重要性程度比其他方面的智能要低（见表5、图4）。但是在"空间智能"方面二者的反差就有点大了，"空间智能"的重要性在业界被认为要高得多。

上编　『中国广告创新型教育模式研究』系列调查

表5 对创新型广告人才具备人类智能的重要性的认知（样本 = 444）

单位：分

	样本数（个）	语言智能	逻辑—数学智能	空间智能	音乐智能	身体运动智能
学界	376	4.48	4.11	3.86	3.62	3.37
业界	68	4.60	4.10	4.10	3.50	3.30
总计	444	4.50	4.11	3.90	3.60	3.36

注：满分为5分，非常重要=5，比较重要=4，不好说=3，不太重要=2，非常不重要=1。以下同。

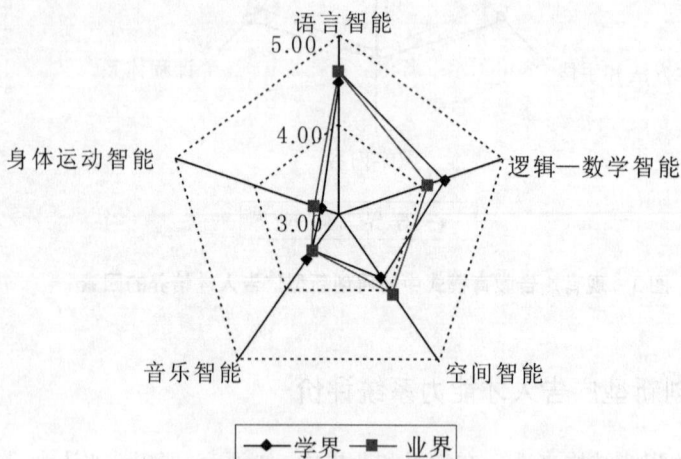

图4 对创新型广告人才具备人类智能的重要性的认知

不管是在学界还是业界，情商的五个方面都被认为重要性比较高，得分都在4分以上。其中"自我激励、自我发展的能力"在整体被访者当中被认为是最重要的方面（见表6）。

表6 对创新型广告人才具备情感能力的重要性的认知（样本 = 444）

单位：分

	样本数（个）	情绪控制的能力	自我认识的能力	自我激励、自我发展的能力	认知他人的能力	人际交往的能力	其他能力
学界	376	4.12	4.29	4.57	4.45	4.46	0.94
业界	68	4.13	4.34	4.47	4.34	4.44	2.72
总计	444	4.12	4.30	4.55	4.43	4.46	1.21

2. 专业能力结构评价

在对"分析能力""创意能力"和"沟通能力"这三种专业基本能力的评价当中,"创意能力"在学界与业界当中的反差较大,而"分析能力"反差较小。但从总体来看,学界和业界对"创意能力"的重要性评价在三种能力之中还是最高的(见表7)。

表7 对创新型广告人才具备专业基本能力的重要性的认知(样本=444)

单位:分

	样本数(个)	分析能力	创意能力	沟通能力
学界	376	4.58	4.71	4.65
业界	68	4.60	4.76	4.69
总计	444	4.58	4.72	4.66

"广告策划能力"在学界和业界当中都被认为是最重要的专业特殊能力,"广告创作能力"次之。但在对"广告提案能力"和"效果分析能力"的评价上二者反差有点大,前者在业界当中多出近0.2分,后者在学界当中多出近0.1分(见表8、图5)。

表8 对创新型广告人才具备专业特殊能力的重要性的认知(样本=444)

单位:分

	样本数(个)	市场调研能力	广告策划能力	广告创作能力	广告提案能力	媒体运作能力	效果分析能力
学界	376	4.20	4.54	4.44	4.27	4.27	4.24
业界	68	4.22	4.53	4.51	4.46	4.16	4.15
总计	444	4.20	4.54	4.45	4.30	4.25	4.23

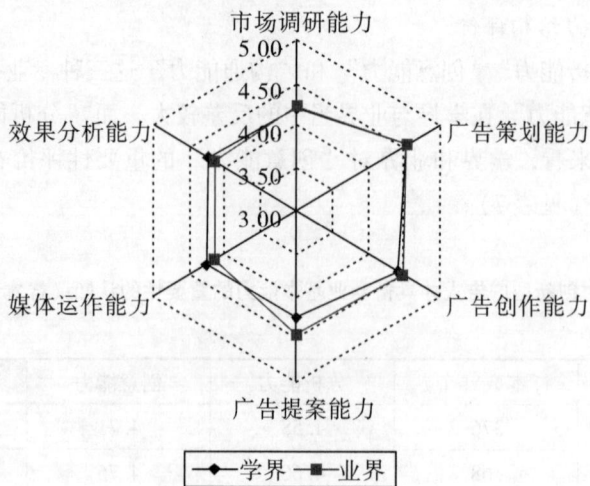

图5 对创新型广告人才具备专业特殊能力的重要性的认知

在对专业综合能力的认知方面，"广告战略能力"在总体的得分上是最高的，其不管是在学界还是业界，都被认为是最重要的综合能力，但是这种重要性的评价在学界较高；而"广告研究能力"在业界的评价较高（见表9、图6）。

表9 对创新型广告人才具备专业综合能力的重要性的认知（样本=444）

单位：分

	样本数（个）	广告战略能力	广告管理能力	广告研究能力
学界	376	4.59	4.19	3.93
业界	68	4.44	4.12	4.10
总计	444	4.57	4.18	3.96

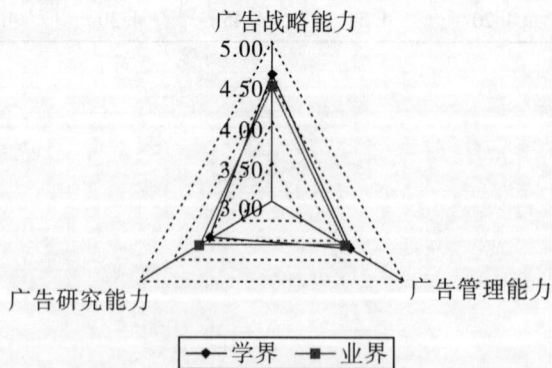

图6 对创新型广告人才具备专业综合能力的重要性的认知

3. 创新型人才教育模型

根据以上被访者对智能结构、情商结构、专业基本能力、专业特殊能力、专业综合能力五方面的评价分析可以得出创新型广告人才教育模型图（见图7）。

从这个结构图中，可以看出以下两点：

第一，从图中可以发现，专业基本能力得分最高。这就要求我们在培养创新型广告人才时，首先要从培养学生的分析、创意、沟通这三项专业基本能力入手。智能结构得分最低，同样值得我们反思。

第二，图中学界与业界的线条基本重合，这就说明对这个结构模式，学界和业界没有太大分歧，认知基本相同。

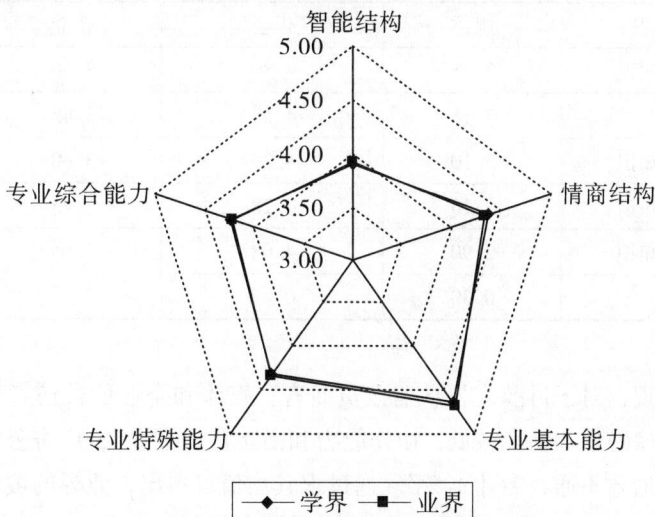

图7　创新型广告人才教育模型图

（三）业界对广告人才的需求和评价

对于业界的被访者而言，他们认为广告从业人员最为薄弱的知识排在前三位的是"营销传播类知识""文化类知识""经济管理类知识"。业界的被访者普遍认为广告从业人员未来发展的最大障碍是"情商较低，协作能力和团队意识不强"，其次分别是"通才不通，专才不专""知识体系过于狭隘"。贵单位在招聘从事广告相关工作的应届毕业生时，比较倾向于何种院系毕业的学生的调查数据显示，媒体和企业中的被访者都倾向于选择新闻传播类院系毕业的广告专业学生，且都倾向于选择"复合型"和"动手型"的学生，同时都对"研究型"的学生敬而远之。

上编　『中国广告创新型教育模式研究』系列调查

1. 业界对广告人才实际工作的评价

在"您认为目前广告从业人员哪方面的知识最为薄弱"的调查（见表10）中，根据"媒体""广告公司""企业"三者的相关数据对比发现，媒体和广告公司中的被访者均认为广告从业人员最为薄弱的知识是"营销传播类知识"和"文化类知识"；企业中的被访者则认为是"营销传播类知识"和"经济管理类知识"。由此可知，对于业界的被访者而言，他们认为广告从业人员最为薄弱的知识排在前三位的是"营销传播类知识""文化类知识""经济管理类知识"。

表10 广告从业人员最为薄弱的知识

单位：分

薄弱知识	媒体	广告公司	企业	总分
营销传播类知识	3.45	4.30	3.60	3.84
文化类知识	3.15	4.37	3.45	3.74
经济管理类知识	3.10	4.29	3.60	3.74
策划创意类知识	3.15	4.28	3.45	3.70
设计制作类知识	2.90	4.08	3.05	3.43
其他	0.30	0	0	0.09

调查发现，对于目前广告从业人员而言，媒体和企业的被访者均认为未来发展的最大障碍是"情商较低，协作能力和团队意识不强"，广告公司的被访者则认为是"通才不通，专才不专"。通过求其均值可得出，业界的被访者普遍认为广告从业人员未来发展的最大障碍是"情商较低，协作能力和团队意识不强"，其次分别是"通才不通，专才不专""知识体系过于狭隘"（见表11）。

表11 未来发展的最大障碍

单位：分

发展障碍	媒体	广告公司	企业	总分
情商较低，协作能力和团队意识不强	3.90	4.39	3.60	4.01
通才不通，专才不专	3.55	4.58	3.60	3.99
知识体系过于狭隘	3.70	4.41	3.45	3.92
专业理想黯淡，专业精神失落	3.70	4.41	3.30	3.87

（续上表）

发展障碍	媒体	广告公司	企业	总分
综合素质较低和文化底蕴不足	3.25	4.50	3.55	3.85
上手快，而后劲不足	3.60	4.38	3.25	3.82
专业技能和实践动手能力弱	3.15	4.45	3.50	3.79
其他	3.00	0	0	0.88

2. 业界对广告人才的需求情况

在"贵单位在招聘从事广告相关工作的应届毕业生时，比较倾向于何种院系毕业的学生"的调查数据显示，媒体和企业中的被访者在该项目的认知上非常一致，他们都倾向于选择新闻传播类院系毕业的广告专业学生，具体参见表12。

表12　倾向于何种院系毕业的学生

院系类别	媒体		企业	
	频次	百分比（%）	频次	百分比（%）
新闻传播	55	11	55	11
美术艺术	25	5	40	8
中文	25	5	30	6
管理经济	20	4	10	2
无特别倾向	20	4	10	2
其他	5	1	0	0

对媒体和企业的广告部门人员的调查数据显示，不论是媒体还是企业，被访者所在单位在招聘从事广告相关工作的应届毕业生时，都倾向于选择"复合型"和"动手型"的学生，同时都对"研究型"的学生敬而远之，具体参见表13。

表13　倾向于何种类型的学生

学生类型	媒体		企业	
	频次	百分比（%）	频次	百分比（%）
复合型	17	85	12	60

（续上表）

学生类型	媒体		企业	
	频次	百分比（%）	频次	百分比（%）
动手型	5	25	8	40
专业型	1	5	4	20
研究型	1	5	2	10
无特别倾向	1	5	1	5
其他	0	0	2	10

3. 业界（不包括广告公司）对广告人才的综合评价

调查发现，业界中广告专业毕业的职员日常工作内容主要为"活动策划"（85%）、"市场销售"（53%）、"新闻宣传"（45%）、"调查分析"（45%）等，其比例均占本次调查结果的 45% 以上。其中在媒体单位中，广告专业毕业的职员主要从事活动策划、市场营销和调查分析等工作；而在企业单位中，广告专业毕业生除了主要从事活动策划外，"新闻宣传""媒体选择与投放"两类工作也成为被访者的主要选择。这也体现出不同单位对广告专业毕业的职员的工作要求是不同的，但所调查的工作内容正是广告专业课程设置中的核心内容，也就是说，广告从业人员基本上还是在自己的专业范围内工作；换个角度看，这说明广告工作对从业人员的专业知识要求亦很高（见表14）。

表14 广告专业毕业的职员日常工作内容

	市场销售	活动策划	公共关系	新闻宣传	调查分析	媒体选择与投放	战略规划	行政管理	平面广告及产品目录设计	合计
媒体（频次）	15	18	7	4	11	5	4	2	0	66
企业（频次）	6	16	7	14	7	11	4	1	1	67
合计（%）	53	85	35	45	45	40	20	8	3	334

注：因为是多选题，合计超过100%。

调查发现，业界对广告专业毕业的职员的专业能力评价较高，比例为 45.0%；此外还有 37.5% 的业界单位认为广告专业毕业的职员专业能力一般。

多数媒体单位对广告专业毕业的职员的专业能力评价较高，说明他们对广告专业出身的职员还是比较认可的（见表15）。

表15　对广告专业毕业的职员的专业能力评价

	很低	较低	一般	较高	很高	无法作出比较	无回答	合计
媒体（频次）	0	1	6	11	0	2	0	20
企业（频次）	0	1	9	7	1	1	1	20
合计（%）	0	5.0	37.5	45.0	2.5	7.5	2.5	100.0

调查发现，大部分业界单位对广告专业毕业的职员的综合素质评价一般，比例为47.5%，占调查对象人数的将近一半；此外还有37.5%的被访单位认为广告专业毕业的职员综合素质较高。这说明广告专业毕业的职员的综合素质得到了用人单位的肯定，但还有待于进一步提高。由此看来，在高校广告专业的教学过程中，综合素质的提高是十分必要的（见表16）。

表16　对广告专业毕业的职员的综合素质评价

	很低	较低	一般	较高	很高	无法判断	合计
媒体（频次）	0	0	8	9	0	3	20
企业（频次）	0	0	11	6	1	2	20
合计（%）	0	0	47.5	37.5	2.5	12.5	100.0

（四）创新型广告人才教学体系评价

根据学界和业界的调查数据显示，二者在理论教学与实践教学的比例设置上的态度基本一致：与理论教学相比，实践教学的占比均超过50%。20.7%的学界被访者认为广告学专业的本科生在校期间，学校教育和业界教育最合适的比例是60：40，而业界的调查数据排在前三位的分别是"70：30""60：40""40：60"。

1. 理论教学与实践教学的设置比例

在"您认为为了培养创新型广告人才，理论教学和实践教学的比例应该

上编　『中国广告创新型教育模式研究』系列调查

是多少"的调查中,所得数据（见表17）显示,学界的376个样本中,有23.4%的人认为二者的比例应当是50∶50,排在第二及第三位的比例是"40∶60"和"30∶70",分别占16.8%和13.6%;业界的68个样本中,排在前三位的仍然分别是"30∶70""40∶60"和"50∶50"。由此可见,二者在理论教学与实践教学的比例设置上的态度基本一致:与理论教学相比,实践教学均占50%或以上。

表17　理论教学与实践教学的设置比例

单位:%

理论教学与实践教学之比	学界百分比	业界百分比
50∶50	23.4	18.9
40∶60	16.8	22.5
30∶70	13.6	23.3
60∶40	13.0	15.1
20∶80	8.5	8.0
70∶30	6.1	5.7
10∶90	2.9	1.5
80∶20	2.1	0
65∶35	0.8	2.1
35∶65	0.5	0
55∶45	0.5	0
15∶85	0.3	0
25∶75	0.3	0
45∶55	0.3	1.5
90∶10	0.3	0

注:1. 样本合计,学界为376,业界为68。以下同。

2. 本表未包含"无回答"之百分比,因此,合计不一定等于100%。表18同。

2. 学校教育与业界教育的设置比例

调查发现,20.7%的学界被访者认为广告学专业大学生在校期间,学校教育和业界教育最合适的比例是60∶40,排在第二位及第三位的是"50∶50"及"70∶30",均是学校教育占50%或以上;而业界的调查数据则有些不同,排在前三位的分别是"70：30""60：40""40：60"（见表18）。

表18　学校教育与业界教育的设置比例

单位:%，分

学校教育与业界教育之比	学界百分比	业界百分比
60：40	20.7	19.7
50：50	16.2	17.4
70：30	15.4	22.3
40：60	9.6	18.9
80：20	9.0	10.1
30：70	5.3	5.7
90：10	3.7	1.5
20：80	2.7	0
10：90	1.9	1.5
65：35	1.3	0
75：25	1.1	0
85：15	1.1	0
35：65	0.8	0
15：85	0.3	0
33：67	0.3	0
45：55	0.3	0
55：45	0.3	1.5

（五）业界与高校的合作情况

对业界调查结果的统计得出：业界与高校合作的情况主要集中在建立实习基地、合作调研、合作广告项目研究、共办广告大赛等活动上。尤其值得注意的是，在广告公司与高校的互动方式中，被访的20家广告公司中有半数选择了建立实习基地这一方式。这也说明业界非常看重高校在广告教育中对学生实践能力的培养，与目前各广告公司的用人理念颇为一致（见表19）。

但同时也不难看出，业界与高校的合作主要集中在媒体与广告公司等单位，而企业与高校的合作互动较少，这也成了今后业界与高校互动活动重点发展和努力的方向之一。

表19 业界与高校的合作情况

合作方式	媒体（频次）	广告公司（频次）	企业（频次）
合设实验室	1	2	0
合作调研	4	3	0
合作广告项目研究	2	3	0
共办广告大赛	3	1	0
建立实习基地	3	10	1
培训讲座	0	1	2
其他	1	0	0

经调查统计发现，业界普遍的意见是：革新教学观念，创新教学方式，改革教学内容，培养全面的基本素质并增强创新能力；理论要与实践结合起来，在实践中学习，在实践中检验理论；贴近市场需求，多借鉴国外的先进经验和模式，不断更新知识；加强学界和业界的合作交流，提升专业运用能力，让企业走进学校，让学生走进企业，在互动中拉近需求和供给的距离，在实践中提高对理论的认识和应用能力。这是业界对中国高校广告学专业教育的期望，也是中国高校广告学专业教育未来发展的方向（见表20）。

表20 业界对中国高校广告学专业教育的期望

	媒体（频次）	广告公司（频次）	企业（频次）
革新教学观念	3	4	2
创新教学方式	5	11	2
改革教学内容	11	11	5
增加实践机会	10	12	9
提高整体素质	5	8	10
贴近市场需求	3	3	2
接轨国际潮流	2	2	2
积极交流合作	3	5	1
其他	1	2	0

三、结语

学界 376 个样本中有将近一半的被访者认为现有广告教育模式"不太利于"与"很不利于"培养创新型广告人才；业界 68 个样本中也有超过三成的被访者选择"不太利于"与"很不利于"。

在妨碍培养创新型广告人才的因素调查中，除了一致认为"教学体制"为最大的妨碍因素之外，学界比较偏向于选择"师资力量和水平""教学条件"等教学硬件；而业界则比较倾向于选择"教学观念""教学方法和手段"等教学软件。

在创新型广告人才应具备的智能结构调查中，"语言智能"被认为是人类五种智能中最为重要的方面；而"空间智能"的重要性在业界的认识中则更高。另外，不论是在学界还是业界，情商的五个方面均被认为重要性比较高。

在创新型广告人才应具备的专业能力结构调查中，"创意能力"在学界与业界当中的反差较大，而"分析能力"反差较小；"广告策划能力"在学界和业界当中都被认为是最重要的专业特殊能力；"广告提案能力"在业界当中多出近 0.2 分，"效果分析能力"在学界当中多出近 0.1 分；"广告战略能力"重要性的评价在学界较高；"广告研究能力"在业界的评价较高。

业界的被访者普遍认为"广告从业人员最为薄弱的知识"排在前三位的是"营销传播类知识""文化类知识""经济管理类知识"；广告从业人员未来发展的最大障碍是"情商较低，协作能力和团队意识不强"，其次分别是"通才不通，专才不专""知识体系过于狭隘"。

调查数据显示用人单位在招聘从事广告相关工作的应届毕业生时，媒体和企业中的被访者都倾向于选择新闻传播类院系毕业的广告专业学生；且都倾向于选择"复合型"和"动手型"的学生，同时均对"研究型"的学生敬而远之。

针对学界和业界的调查数据显示，二者在理论教学与实践教学的比例设置上的态度基本一致：与理论教学相比，实践教学均占比 50% 或以上。

20.7% 的学界被访者认为广告学专业本科生在校期间，学校教育和业界教育最合适的比例是 60∶40；而业界的调查数据排在前三位的分别是"70∶30""60∶40""40∶60"。

广告公司与高校的互动方式中，被访的 20 家广告公司中有半数选择了"建立实习基地"这一方式。

注重培养学生的专业基本能力，这就要求我们在培养创新型广告人才时，首先要注重从培养学生的分析、创意、沟通这三项专业基本能力入手。建立与优秀广告人才相适应的情商教育机制，培养学生良好的心理素质。建立以"文化"为基础，以"传播和营销"为平台，以"策划和创意"为核心的多层次知识体系，增强学生的文化底蕴，进一步提高学生的专业竞争力。

创新型广告人才教育调查报告之高校篇

一、调查概要

（一）调查目的

本调研报告共分为四篇，分别是"高校篇""广告公司篇""媒体篇""企业篇"，本调查报告是基于"高校篇"的数据整理、撰写而成的。

本次调查活动的开展基于中国教育部与电通公司开展的"电通·中国广告人才培养基金项目"的子项目——"中国广告创新型教育模式研究"，由暨南大学新闻与传播学院杨先顺教授主持。调查目的如下：

（1）通过调查研究，了解我国高校广告专业的师生对中国高校现有广告教学模式的整体评价及其所在学校的教学现状。

（2）"高校篇"的调查对象包括两类：一类是在全国各高校从事教学工作的广告专业教师；另一类是在各高校就读的广告专业学生。分别将两者"对广告教学的建议"进行交叉分析，探索广告专业教师、学生对广告教育的不同评价及其内在联系。

（3）针对数据分析，厘清我国现今广告教学的现状，整合广告专业的教师、学生对广告教育的评价与建议，以期在新的教学观念的指引下，为建构更科学、合理的专业知识体系提供指导。

（二）调查实施方法

暨南大学新闻与传播学院广告系于 2007 年 10 月成立课题小组，确定操作程序。在征求相关人员的意见之后开始设计调查问卷，确定调研方案。调查实施的时间是 2007 年 10 月至 2008 年 1 月。本调查为自填式问卷的非随机调查，抽样方式为配额抽样。各学校问卷投放及回收状况见表1：

上编 『中国广告创新型教育模式研究』系列调查

表 1　问卷投放及回收状况

学校名称	调查对象	实际发放问卷（份）	实际回收有效问卷（份）	有效回收率（%）
天津师范大学	教师	10	10	100.0
	学生	30	28	93.3
东北师范大学	教师	10	10	100.0
	学生	30	30	100.0
西北大学	教师	10	4	40.0
	学生	30	30	100.0
河南大学	教师	10	10	100.0
	学生	30	28	93.3
中国传媒大学	教师	10	6	60.0
	学生	30	24	80.0
武汉大学	教师	10	8	80.0
	学生	30	29	96.7
厦门大学	教师	10	3	30.0
	学生	30	29	96.7
上海大学	教师	10	10	100.0
	学生	30	29	96.7
暨南大学	教师	10	0	0
	学生	32	32	100.0
香港中文大学	教师	10	1	10.0
	学生	30	26	86.7
香港浸会大学	教师	10	1	10.0
	学生	30	28	93.3
合计		442	376	85.1

（三）数据处理

回收调查问卷后，在 Microsoft Office Excel 2003 中进行数据录入，并以 SPSS13.0 软件进行逻辑查错与净化处理，形成最终数据库，研究过程中使用 SPSS13.0 软件进行统计分析。分析方法上主要用到频数分析和态度差异量表赋值法。

二、调查结果

（一）广告人才教育现状评价

1. 调查结果摘要

（1）调查发现，将近一半的被访者认为，中国高校现有广告教育模式"不太利于"与"很不利于"创新型广告人才的培养。

（2）在"您认为中国高校现有的广告教育模式中有哪些方面妨碍了创新型广告人才培养"的调查中，我们发现，"教学体制""师资力量和水平""教学条件"三个选项分别以 7.51、7.28、5.68 的得分排在前三位。

（3）在"您认为符合贵校广告学专业教学现状的描述"的调查中，选项"注重依靠学院背景，知识体系较为宽泛"以 3.85 的得分排在第一位。

2. 广告教育模式整体评价

调查发现，将近一半的被访者认为，中国高校现有广告教育模式"不太利于"与"很不利于"创新型广告人才的培养；相比之下，只有 21.1% 的被访者认为"非常有利于"与"比较有利于"创新型广告人才的培养（见表2）。

表2　现有广告教育模式是否有利于培养创新型广告人才（样本 = 376）

选项	频次	百分比（%）	有效百分比（%）
非常有利于	13	3.5	3.5
比较有利于	66	17.6	17.6
不好说	111	29.5	29.7
不太利于	147	39.1	39.3
很不利于	37	9.8	9.9
无回答	2	0.5	
总计	376	100.0	100.0

3. 妨碍创新型广告人才教育的因素

在"您认为中国高校现有的广告教育模式中有哪些方面妨碍了创新型广告人才培养"的调查中发现，"教学体制""师资力量和水平""教学条件"三个选项分别以 7.51、7.28、5.68 的得分排在前三位（见表3）。而"教学观念""学生素质"和"其他可能性因素"的选项则得分较低。由此可见，多数被访者所认为的妨碍创新型广告人才培养的因素（"教学体制""师资力量和

上编　『中国广告创新型教育模式研究』系列调查

水平""教学条件"等）多为教学中所称的"教学硬件"；相对而言，"教学软件"如"教学观念""学生素质"和"其他可能性因素"则被认为不太妨碍创新型广告人才的培养。

表3　现有广告教育模式中妨碍创新型广告人才培养的因素（样本 = 376）

单位:%，分

妨碍因素 （按严重 程度排序）	第1位	第2位	第3位	第4位	第5位	第6位	第7位	第8位	第9位	得分
教学体制	44.1	14.1	8.8	7.4	6.6	5.1	6.6	4.3	0.8	7.51
师资力量和 水平	21.0	28.5	17.3	11.7	5.6	5.3	5.3	3.7	0	7.28
教学条件	8.5	12.5	16.8	16.0	13.8	11.2	12.2	5.3	1.3	5.68
课程体系	4.8	12.2	16.8	18.4	15.7	10.9	14.1	4.3	0.5	5.55
教学方法和 手段	8.5	12.5	8.8	11.2	17.6	19.9	11.7	5.6	1.9	5.29
教学内容	3.5	7.7	15.4	20.2	17.6	17.3	9.3	6.9	0.3	5.29
教学观念	5.3	8.8	10.4	7.4	11.4	16.2	21.3	13.6	4.0	4.43
学生素质	1.3	1.6	3.7	4.3	8.2	8.2	12.2	47.1	9.6	2.43
其他可能 性因素	0.8	1.1	0	1.1	1.3	2.1	3.2	5.3	49.5	0.53
无回答	2.1	1.1	2.1	2.4	2.1	3.7	4.0	4.0	32.2	0
总计	100.0	100.0	100.0	100.0	100.0	100.0	100.0	100.0	100.0	

注：第1~9位分别赋值10、8.75、7.5、6.25、5、3.75、2.5、1.25、0。

4. 广告学专业教学现状评价

在"您认为符合贵校广告学专业教学现状的描述"的调查中，主要考察了六个方面的指标，分别是"注重依靠学院背景，知识体系较为宽泛""注重通识、综合素养教育，扩大专业的外延口径""注重培养学生卓越的营销传播整合力""注重技能性课程的教学和动手能力的培养""注重培养学生深厚的文化功底""学生毕业以后往往上手快，而后劲不足"。

其中，"注重依靠学院背景，知识体系较为宽泛"以3.85的得分排在第一位；其次是选项"注重通识、综合素养教育，扩大专业的外延口径"，得分为3.60；而选项"学生毕业以后往往上手快，而后劲不足"则往往不被受访者所认同，得分仅为 3.06（见表 4）。

表 4 被访者对所在高校广告学专业教学现状的认知（样本 = 376）

单位:%，分

教学现状	完全不符合	不太符合	不好说	比较符合	非常符合	无回答	合计	得分
注重依靠学院背景，知识体系较为宽泛	1.9	9.0	15.2	49.2	24.5	0.3	100.0	3.85
注重通识、综合素养教育，扩大专业的外延口径	1.1	14.1	21.5	45.2	17.0	1.1	100.0	3.60
注重培养学生卓越的营销传播整合力	1.6	12.2	29.0	41.0	15.2	1.1	100.0	3.53
注重技能性课程的教学和动手能力的培养	3.5	21.5	25.3	33.8	15.2	0.8	100.0	3.34
注重培养学生深厚的文化功底	4.0	20.5	27.9	36.4	10.4	0.8	100.0	3.26
学生毕业以后往往上手快，而后劲不足	5.9	18.1	46.5	21.8	7.4	0.3	100.0	3.06
其他方面	0.5	1.9	6.1	7.2	3.5	80.9	100.0	0.69

注：选项按符合程度赋值，其中，完全不符合 = 1，不太符合 = 2，不好说 = 3，比较符合 = 4，非常符合 = 5。以下同。

（二）创新型广告人才能力系统评价

1. 调查结果摘要

（1）在"您认为创新型广告人才具备这些智能是否重要"的调查中，"语言智能"以 4.48 的得分位于第一位。

（2）对情感能力六个方面的重要性认知中，得分最高的是"自我激励、自我发展的能力"（得分为 4.57）。

（3）被访者认为创新型广告人才应具备的专业基本能力的重要性中，"创意能力"以 4.71 的得分排在第一位。

（4）在"专业特殊能力的重要性的认知"调查中，重要性排在第一位的是"广告策划能力"，得分为4.54。

（5）在"专业综合能力的重要性的认知"的三个方面中，依据得分的高低给予相应的重要性排序，"广告战略能力"排在第一位，其次是"广告管理能力"和"广告研究能力"。

2. 智能结构评价

美国哈佛大学教授加德纳将人类的智能分为五个方面："语言智能""逻辑—数学智能""空间智能""音乐智能"和"身体运动智能"。在"您认为创新型广告人才具备这些智能是否重要"的调查中，"语言智能"以4.48的得分位于第一位；其次分别是"逻辑—数学智能""空间智能""音乐智能""身体运动智能"，得分依次是4.11、3.86、3.62、3.37（见表5）。

表5 对创新型广告人才具备人类智能的重要性的认知（样本=376）

单位:%，分

人类智能	非常不重要	不太重要	不好说	比较重要	非常重要	无回答	合计	得分
语言智能	0	0	3.2	41.5	54.5	0.8	100.0	4.48
逻辑—数学智能	0	4.8	14.9	40.4	39.1	0.8	100.0	4.11
空间智能	0.3	8.2	17.8	47.1	25.5	1.1	100.0	3.86
音乐智能	0.5	12.2	21.3	48.4	16.0	1.6	100.0	3.62
身体运动智能	2.4	19.4	26.6	33.0	16.8	1.9	100.0	3.37

注：选项按重要性赋值，其中，非常不重要=1，不太重要=2，不好说=3，比较重要=4，非常重要=5。得分越高，被访者对相应人类智能重要性的认知度越高。以下同。

3. 情感能力结构评价

与人类智能的重要性认知调查相同，对情感能力六个方面的重要性认知中，得分最高的是"自我激励、自我发展的能力"（得分为4.57）（见表6）；依据得分进行重要性程度排序，分列第2～5位的分别是"人际交往的能力""认知他人的能力""自我认识的能力"以及"情绪控制的能力"。

表6 对创新型广告人才具备情感能力的重要性的认知（样本=376）

单位:%，分

情感能力	非常不重要	不太重要	不好说	比较重要	非常重要	无回答	合计	得分
自我激励、自我发展的能力	0.3	1.3	3.2	30.9	64.1	0.3	100.0	4.57
人际交往的能力	0	3.2	5.3	29.3	61.2	1.1	100.0	4.46
认知他人的能力	0.3	1.3	6.4	36.2	55.6	0.3	100.0	4.45
自我认识的能力	0.3	2.4	7.4	45.2	44.1	0.5	100.0	4.29
情绪控制的能力	0.3	5.6	11.7	44.4	37.5	0.5	100.0	4.12
其他能力	0.5	1.3	7.2	8.0	7.4	75.5	100.0	0.94

4. 专业能力结构评价

专业能力结构中首先考察的是专业基本能力，这里主要包括三个方面："分析能力""创意能力"与"沟通能力"。数据分析显示，被访者认为创新型广告人才应具备的专业基本能力的重要性中，"创意能力"以4.71的得分排在第一位；"沟通能力"和"分析能力"的重要性状况则相对较低，得分分别是4.65和4.58（见表7）。

表7 对创新型广告人才具备专业基本能力的重要性的认知（样本=376）

单位:%，分

专业基本能力	非常不重要	不太重要	不好说	比较重要	非常重要	无回答	合计	得分
创意能力	0	0.3	3.2	20.7	75.5	0.3	100.0	4.71
沟通能力	0	0.3	1.6	28.7	68.9	0.5	100.0	4.65
分析能力	0	0.8	2.4	33.5	63.0	0.3	100.0	4.58

在专业基本能力的基础上，需要进一步考察专业特殊能力的重要性。课题组在设置问卷时，着重从"市场调研能力""广告策划能力""广告创作能力""广告提案能力""媒体运作能力""效果分析能力"六个方面进行考察。所得数据显示，重要性排在第一位的是"广告策划能力"，得分为4.54；重要程度稍低的是"广告创作能力""广告提案能力"和"媒体运作能力"，得分分别是4.44、4.27、4.27；然后是"效果分析能力"（得分为4.24）和"市场调研能力"（得分为4.20）（见表8）。

表8　对创新型广告人才具备专业特殊能力的重要性的认知（样本＝376）

単位:%，分

专业特殊能力	非常不重要	不太重要	不好说	比较重要	非常重要	无回答	合计	得分
广告策划能力	0	1.1	3.7	31.1	63.3	0.8	100.0	4.54
广告创作能力	0	2.1	6.4	31.1	59.3	1.1	100.0	4.44
广告提案能力	0.3	2.1	8.2	45.5	43.1	0.8	100.0	4.27
媒体运作能力	0.3	2.1	8.2	45.5	43.1	0.8	100.0	4.27
效果分析能力	0	2.1	10.4	44.9	41.8	0.8	100.0	4.24
市场调研能力	0.3	5.3	7.2	45.7	41.0	0.5	100.0	4.20

　　对专业能力结构考察的第三个方面是专业综合能力的重要性的认知。调查显示（见表9），依据得分的高低给予相应的重要性排序，"广告战略能力"位列第一，其次是"广告管理能力"和"广告研究能力"，三者的分值依次是4.59、4.19、3.93。

表9　对创新型广告人才具备专业综合能力的重要性的认知（样本＝376）

単位:%，分

专业综合能力	非常不重要	不太重要	不好说	比较重要	非常重要	无回答	合计	得分
广告战略能力	0	0.8	2.9	29.0	66.5	0.8	100.0	4.59
广告管理能力	0	2.4	10.9	48.1	37.8	0.8	100.0	4.19
广告研究能力	0.5	5.9	18.4	46.8	27.7	0.8	100.0	3.93

（三）创新型广告人才教学体系评价

1. 调查结果摘要

（1）大部分被访者认为"以策划创意类课程为主体"是培养创新型广告人才合理的课程体系。

（2）将近30%的被访者认为自己学校的广告学基础课占40%，专业课占60%，期望专业课比重大的被访者占大多数。

（3）70∶30是现今理论教学与实践教学在设置上被认为是最普遍的比例，期望实践教学比重大的人占了被访者一半以上。

（4）60：40 是在考察学校教育与业界教育的期望比例时最多人（20.7%）选择的比例。

（5）在教学方法上，被访的教师认为对培养创新型广告人才最有效的是"案例教学法"。

（6）与实践相关的举措在被访高校的各举措当中比较有成效。

2. 课程体系设置

经过调查发现，有超过85%的被访者认为"以策划创意类课程为主体"是培养创新型广告人才合理的课程体系。其次是"以营销传播类课程为主体"的课程体系，该项的得分是4.12。"以文化类课程为主体"在五项里面得分最低，为3.44分（见表10）。

表10　培养创新型广告人才的课程体系设置（样本=376）

单位:%，分

课程体系	完全不符合	不太符合	不好说	比较符合	非常符合	无回答	合计	得分
以策划创意类课程为主体	0	2.1	7.2	44.9	44.4	1.3	100.0	4.28
以营销传播类课程为主体	0	1.6	12.0	53.7	31.6	1.1	100.0	4.12
以经济管理类课程为主体	0.8	9.8	27.7	43.6	16.2	1.9	100.0	3.59
以设计制作类课程为主体	1.1	13.6	23.7	45.2	14.6	1.9	100.0	3.53
以文化类课程为主体	1.3	15.7	25.0	44.7	11.4	1.9	100.0	3.44
其他	0.5	0.8	5.6	5.3	4.3	83.5	100.0	0.61

3. 基础课与专业课的设置

在现有的基础课和专业课的设置上，将近30%的被访者认为自己学校的广告学基础课占40%，专业课占60%。而基础课与专业课的比例为60：40的情况也被认为是很常见的，比例达到15%以上，但是只有前一种情况的一半。

通过调查师生基础课和专业课的期望比例，我们可以对比发现，也有将近1/4的被访者希望将基础课与专业课设置成30：70。另外，希望设置成40：60的这种情况也比较多见（19.4%）。总体看来，期望专业课比重大的被访者占大多数（见表11）。

表 11　基础课与专业课的比例设置（样本 = 376）

单位:%，分

现状		理想	
基础课与专业课之比	认同该课程设置比例的受访者占比	基础课与专业课之比	期望该课程设置比例的受访者占比
40∶60	29.5	30∶70	24.7
60∶40	16.2	40∶60	19.4
30∶70	13.0	50∶50	16.2
50∶50	9.8	20∶80	15.4
33∶67	5.3	60∶40	6.6
70∶30	4.3	10∶90	2.9
20∶80	3.2	70∶30	1.6
35∶65	1.3	35∶65	0.8
45∶55	1.3	25∶75	0.5
80∶20	1.3	55∶45	0.5
10∶90	0.8	80∶20	0.5
55∶45	0.8	15∶85	0.3
65∶35	0.5	33∶67	0.3
25∶75	0.3	45∶55	0.3
57∶43	0.3		
67∶33	0.3		

4. 理论教学与实践教学的设置

在现今理论教学与实践教学的设置上，被认为最普遍的比例是 70∶30，达到被访者的 1/4 以上。而仍然存在 13.3% 的被访者认为自己的学校理论教学占了 90%，而实践教学只占了 10%。认为理论教学已占 50% 以上的人占了被访者的 50% 以上。由此看出，大部分的人认为理论教学比重较大，而实践教学比重较小。

而相比较之下可以发现，被访者最期望的理论教学与实践教学的比例是 50∶50 （23.4%）。另外，还有超过 15% 的人希望实践教学比重为 60%，理论教学比重为 40%；13.6% 的人希望实践教学比重达到 70%，理论教学比重为 30%。由此看出，期望实践教学比重大的人占了被访者一半以上（见表 12）。

表 12　理论教学与实践教学的比例设置（样本＝376）

单位:%，分

现状		理想	
理论教学与 实践教学之比	认同该比例设置 的受访者占比	理论教学与 实践教学之比	期望该比例设置 的受访者占比
70∶30	26.6	50∶50	23.4
90∶10	13.3	40∶60	16.8
80∶20	12.8	30∶70	13.6
60∶40	11.2	60∶40	13.0
30∶70	6.6	20∶80	8.5
50∶50	6.4	70∶30	6.1
40∶60	5.3	10∶90	2.9
20∶80	1.9	80∶20	2.1
75∶25	1.1	65∶35	0.8
10∶90	0.8	35∶65	0.5
85∶15	0.8	55∶45	0.5
88∶12	0.8	15∶85	0.3
55∶45	0.5	25∶75	0.3
65∶35	0.5	45∶55	0.3
		90∶10	0.3
无回答	11.4	无回答	10.6

5. 学校教育与业界教育的设置

在考察学校教育与业界教育的期望比例时，我们发现 60∶40 是最多人（20.7%）选择的比例。其次是 50∶50 的设置比例，也占了 16.2%。希望学校教育占 70% 的被访者也达到了 15% 以上。有部分人认为两者的比例最好设置为 40∶60（9.6%），80∶20（9.0%）。但是认为学校教育应该占主要部分的人是占大多数的（见表 13）。

表 13　学校教育与业界教育的比例设置（样本 = 376）

单位:%，分

学校教育与业界教育之比	期望该比例设置的受访者占比
60：40	20.7
50：50	16.2
70：30	15.4
40：60	9.6
80：20	9.0
30：70	5.3
90：10	3.7
20：80	2.7
10：90	1.9
65：35	1.3
75：25	1.1
85：15	1.1
35：65	0.8
15：85	0.3
33：67	0.3
45：55	0.3
55：45	0.3
无回答	10.0

6. 创新型广告人才教学方法

在教学方法上，被访的教师认为对培养创新型广告人才最有效的是"案例教学法"，选择这种方法的有效比例占了 90% 以上（"比较有效"占 36.5%，"非常有效"占 55.6%）。随后分别是"思维训练教学法"（90.4%）、"项目运作教学法"（87.3%）、"批判性思维教学法"（69.8%）、"杜威的解决问题教学法"（63.4%）。最后两项选择"不好说"的人比较多，表明对这两个方面的有效性，很大一部分被访者没有明确的态度（见表 14）。

表 14　培养创新型广告人才的教学方法（教师）（样本 = 63）

单位:%，分

教学方法	完全无效	不太有效	不好说	比较有效	非常有效	无回答	合计
案例教学法	0	1.6	1.6	36.5	55.6	4.8	100.0
思维训练教学法	0	1.6	4.8	46.0	44.4	3.2	100.0
项目运作教学法	0	0	6.3	38.1	49.2	6.3	100.0
批判性思维教学法	0	3.2	20.6	46.0	23.8	6.3	100.0
杜威的解决问题教学法	0	1.6	28.6	44.4	19.0	6.3	100.0
其他方法	0	0	3.2	1.6	1.6	93.7	100.0

7. 广告人才教育的创新举措

本次调查收到各高校提出的在本科生教学方面的独特、富有成效的做法共 510 条，其中天津师范大学提出的做法数量做多，一共 80 条，其中人们认为成效最明显的做法是"参加广告类比赛"（频次 17）和"参观广告公司"（频次 13）；其次是武汉大学和暨南大学，分别是 63 和 55 条。从调查的结果来看，与实践相关的举措在被访高校的各举措当中比较有成效（见表 15）。

表 15　各高校在本科生教学方面的独特、富有成效的做法

学校名称		教学体制	教学条件	师资力量和水平	课程体系	教学观念	教学内容	教学方法和手段	其他可能性因素	总计
上海大学	数量（条）	7	1	1	7	4	17	21	0	58
	占比（%）	12.1	1.7	1.7	12.1	6.9	29.3	36.2	0	100.0
	常见做法	学分制，可自选课和老师（频次5）					社科新论讲座（频次7）	组织听讲座（频次6）；参加广告类比赛（频次4）		

上编　『中国广告创新型教育模式研究』系列调查

（续上表）

学校名称		教学体制	教学条件	师资力量和水平	课程体系	教学观念	教学内容	教学方法和手段	其他可能性因素	总计
厦门大学	数量（条）	2	2	2	1	4	5	14	2	32
	占比（%）	6.3	6.3	6.3	3.1	12.5	15.6	43.8	6.3	100.0
	常见做法							业界人士讲座（频次3）		
天津师范大学	数量（条）	0	1	3	4	12	7	51	2	80
	占比（%）	0	1.3	3.8	5.0	15.0	8.8	63.8	2.5	100.0
	常见做法					注重实践教学（频次5）		参加广告类比赛（频次17）；参观广告公司（频次13）		
东北师范大学	数量（条）	5	0	3	2	6	7	19	2	44
	占比（%）	11.4	0	6.8	4.5	13.6	15.9	43.2	4.5	100.0
	常见做法	专业分方向，学生自主选择（频次4）						承办广告国际性会议（频次3）		

（续上表）

学校名称		教学体制	教学条件	师资力量和水平	课程体系	教学观念	教学内容	教学方法和手段	其他可能性因素	总计
西北大学	数量（条）	2	0	0	9	6	0	21	7	45
	占比（%）	4.4	0	0	20.0	13.3	0	46.7	15.6	100.0
	常见做法				课程内容丰富（频次4）			课堂引入实践（频次15）		
河南大学	数量（条）	0	0	0	3	8	3	19	3	36
	占比（%）	0	0	0	8.3	22.2	8.3	52.8	8.3	100.0
	常见做法				课程开设全面（频次3）			课堂引入实践（频次11）		
中国传媒大学	数量（条）	0	1	1	2	1	2	33	10	50
	占比（%）	0	2.0	2.0	4.0	2.0	4.0	66.0	20.0	100.0
	常见做法							课堂引入实践（频次20）；名人讲学、讲座（频次5）	与业界联系紧密（频次2）	

(续上表)

学校名称		教学体制	教学条件	师资力量和水平	课程体系	教学观念	教学内容	教学方法和手段	其他可能性因素	总计
武汉大学	数量（条）	1	0	1	2	8	2	44	5	63
	占比（%）	1.6	0	1.6	3.2	12.7	3.2	69.8	7.9	100.0
	常见做法				课程体系完整（频次2）	注重基础教育（频次3）		课堂引入实践（频次28）；专业实习（频次11）		
暨南大学	数量（条）	2	1	1	6	5	4	34	2	55
	占比（%）	3.6	1.8	1.8	10.9	9.1	7.3	61.8	3.6	100.0
	常见做法							课堂引入实践（频次14）；名人讲学、讲座（频次3）		
香港中文大学	数量（条）	1	0	0	1	0	6	11	0	19
	占比（%）	5.3	0	0	5.3	0	31.6	57.9	0	100.0
	常见做法							课堂引入实践（频次5）；名人讲学、讲座（频次3）		

（续上表）

学校名称		教学体制	教学条件	师资力量和水平	课程体系	教学观念	教学内容	教学方法和手段	其他可能性因素	总计
香港浸会大学	数量（条）	0	0	0	0	0	9	17	2	28
	占比（%）	0	0	0	0	0	32.1	60.7	7.1	100.0
	常见做法							课堂引入实践（频次10）；名人讲学（频次4）		
	总计（条）	20	6	12	37	54	62	284	35	510

三、结语

本次调查从问卷设计到调查完成历时四个月，调查对象包括上海大学、厦门大学、天津师范大学、东北师范大学、西北大学、河南大学、中国传媒大学、武汉大学、暨南大学、香港中文大学、香港浸会大学11所高校广告专业的师生。采用邮寄调查方式发放问卷442份，实际回收有效问卷376份。本次调查以现有广告人才教育模式的现状及评价、广告学专业能力系统、广告学专业课程体系设置以及广告学专业教学方法四个方面为基础，对我国现今广告教育模式进行了全面考察。

调查显示，将近一半的被访者认为，中国高校现有广告教育模式"不太利于"与"很不利于"创新型广告人才的培养；"教学体制""师资力量和水平""教学条件"三个选项被认为是现有广告教学模式中妨碍创新型广告人才培养的排在前三位的因素；"注重依靠学院背景，知识体系较为宽泛"普遍被受访者认为是符合各自广告学专业教学现状的描述；"语言智能"被认为是创新型人才应具备的最重要的智能；对情感能力六个方面的重要性认知中，得分最高的是"自我激励、自我发展的能力"；"创意能力"是被访者认为创新型广告人才应具备的专业基本能力中最重要的；在"专业特殊能力的重要性的认知"中，"广告策划能力"的重要性排在第一位；在"专业综合能力的重要性的认知"的三个方面中，依据得分的高低对其重要性给予相应的排序，"广告战略能力"位列第一；大部分被访者认为"以策划创意类课程为主体"是培养创新型广告人才合理的课程体系；将近30%的被访者认为自己学校的广告学基础课占40%，专业课占60%，期望专业课比重大的被访者占大多数；70：30是现今理论教学与实践教学在设置上被认为是最普遍的比例，期望实践教学比重大的人占了被访一半以上；60：40是在考察学校教育与业界教育的期望比例时最多人（20.7%）选择的比例；在教学方法上，被访的教师认为对培养创新型广告人才最有效的是"案例教学法"。

根据调研结果，提出以下建议：

（1）完善课程体系。

调查发现，有超过85%的被访者认为"以策划创意类课程为主体"是培养创新型广告人才合理的课程体系，这也与对创新型广告人才应具备的专业能力重要性的认知的调查结果相一致（专业基本能力位于第一位的是"创意能力"；专业特殊能力位于第一位的是"广告策划能力"；专业综合能力位于第一位的是"广告战略能力"），同时也与课题组前期的假设相一致。众所周知，"策划与创意"与学生的专业能力息息相关，所以设置提高学生专业能力（包括专业基本能力、专业特殊能力和专业综合能力）为主，建构科学、合理的广告学课程体系是培养创新型广告人才的必要保证。例如，在大平台教学中，设置一些有利于开发智能的基础课程（如逻辑学、创意思维、演讲与口才、基础写作等）。

（2）调整知识体系。

在广告业最为发达和完善的美国，其广告教育代表了当今国际广告教育的发展趋势。陈月明老师在《美国高校广告教育》中总结了美国广告教育的特点，其中之一就是重视宽广文科背景的综合素质教育，即以文、史、哲、艺、经等学科素养为基础，辅以数、理、计算机等理性思维工具的综合素质教育；但在"您认为符合贵校广告学专业教学现状的描述"的调查中，"注重培养学生深厚的文化功底"被排在了六个有效选项的第五位。

广告学是一门多学科交叉的边缘性学科，其产生和发展需要依托众多学科的基础和理论储备。其中，文、史、哲、艺、经等作为其学科基础却没有被重视和强调，这对广告学院校而言有舍本逐末之嫌。所以培养创新型广告人才的前提是建立以文化为基础，以传播和营销为平台，以策划和创意为核心的多层次知识体系。

（3）建立情商教育机制。

广告行业是一个竞争激烈的行业，广告人面临巨大的压力和挑战，没有良好的心理素质是难以胜任的。通过对情感能力六个方面的重要性认知进行调查，我们也发现，得分最高的是"自我激励、自我发展的能力"，其次是"人际交往的能力"和"认知他人的能力"。但目前国内高校的广告教育却缺乏相应的机制，为此，我们必须研究如何建立这种机制，以培养学生的敬业精神、拼搏精神、团队精神、沟通协调力和心理承受力等。

（4）创新教学方法。

在针对教师的有关对教学方法的评价中所涉及的教学方法包括六个，分别是"案例教学法""思维训练教学法""项目运作教学法""批判性思维教学法""杜威的解决问题教学法""其他方法"其中，"案例教学法"被认为是创新型广告人才教育中最有效的教学法。广告专业是实战性很强的专业，正如调查中认为合理的学校教育与业界教育比例为 60：40 一样，将案例寓于课堂之中，依据特殊情况对教学方法进行合理科学的创新也是创新型广告人才教育的应有之责。

总之，高速发展的广告行业需要培养具备综合素质的创新型人才，创新型教育模式亟须建立。

创新型广告人才教育调查报告之广告公司篇

一、调查概要

（一）调查目的

本调研报告共分为四篇，分别是"高校篇""广告公司篇""媒体篇""企业篇"，本调查报告的撰写基于"广告公司篇"的数据整理。本次调查活动的开展基于中国教育部与电通公司开展的"电通·中国广告人才培养基金项目"的子项目——"中国广告创新型教育模式研究"，由暨南大学新闻与传播学院杨先顺教授主持。"广告公司篇"调查目的主要是了解广告从业人员，特别是其中的中高层管理者对广告人才的评价和建议。

（二）调查实施方法

暨南大学新闻与传播学院广告系于 2007 年 10 月成立课题小组，确定操作程序。在征求相关人员的意见之后开始设计调查问卷，确定调研方案。调查实施的时间是 2007 年 10 月至 2008 年 1 月。本调查为自填式问卷的非随机调查，抽样方式为配额抽样。各广告公司问卷投放及回收情况见表 1：

表 1　问卷投放及回收情况

广告公司	实际发放问卷（份）	实际回收有效问卷（份）	有效回收率（%）
国际 4A	8	8	100.0
广州 4A	6	6	100.0
非 4A	14	14	100.0
合计	28	28	100.0

（三）被访者构成

表2　样本构成（样本＝28）

内容	类别	人数	有效百分比（%）	合计（人）
性别	男	18	64.3	28
	女	10	35.7	
年龄	30 岁及以下	11	39.3	28
	31～45 岁	14	50.0	
	46 岁及以上	3	10.7	
任教年数	5 年及以内	11	40.7	28
	6～9 年	6	22.2	
	10 年及以上	10	37.0	
	未回答	1		
职务	普通职员	1	3.6	28
	中高级管理人员	22	78.6	
	其他	5	17.9	

二、调查结果

（一）广告人才教育现状评价

调查发现，约43%的被访者认为，中国高校现有广告教育模式"不太利于"与"很不利于"创新型广告人才的培养；在中国高校现有广告教育模式中哪些方面妨碍了创新型广告人才的培养的调查中发现，得分最高的是"教学体制"（6.94）和"教学观念"（6.42）。

（二）中国高校现有广告教育模式评价

表3　现有广告教育模式是否有利于培养创新型广告人才（样本＝28）

选项	频次	百分比（%）	有效百分比（%）
很不利于	3	10.7	10.7
不太利于	9	32.1	32.1

（续上表）

选项	频次	百分比（%）	有效百分比（%）
不好说	11	39.3	39.3
比较有利于	4	14.3	14.3
非常有利于	1	3.6	3.6
合计	28	100.0	100.0

注：样本=28，这里使用百分数而不是频数列表是为了方便与其他样本组进行比较。下面出现同种情况，如无特别说明，均为同样原因。

有超过四成的被访者认为现有的广告教育模式不利于创新型广告人才的培养，革新势在必行。

（三）现有广告教育模式中妨碍创新型广告人才培养的因素

表4　现有广告教育模式中妨碍创新型广告人才培养的因素（样本=28）

单位:%，分

妨碍因素（按严重程度排序）	第1位	第2位	第3位	第4位	第5位	第6位	第7位	第8位	第9位	得分
教学体制	32.1	7.1	17.9	7.1	10.7	10.7	14.3	0	0	6.94
教学观念	25.0	21.4	17.9	7.1	10.7	14.3	3.6	0	3.6	6.42
课程体系	3.6	14.3	14.3	14.3	17.9	17.9	17.9	0	0	5.58
教学方法和手段	10.7	10.7	14.3	32.1	14.3	10.7	3.6	3.6	0	5.58
教学内容	14.3	10.7	28.6	14.3	21.4	7.1	3.6	0	0	5.40
师资力量和水平	14.3	28.6	7.1	14.3	7.9	10.7	0	3.6	0	5.05
教学条件	0	7.1	0	7.1	7.1	17.9	42.9	14.3	0	3.55
其他可能性因素	0	0	0	0	0	0	3.6	7.1	14.3	1.57
学生素质	0	0	0	0	0	7.1	7.1	67.9	10.7	1.52

注：第1~9位分别赋值10、8.75、7.5、6.25、5、3.75、2.5、1.25、0。

从表4可以看出，在妨碍创新型广告人才培养的因素中，得分最高的是"教

中国广告创新型教育模式研究

学体制"（6.94）和"教学观念"（6.42），这其实是中国式教育的通病，也是人尽皆知的问题，但体制和观念上的毛病并非朝夕可变，需要自上而下的长期努力。

"课程体系"与"教学方法和手段"的得分也很高，均为5.58，说明业界对高校的广告课程及广告教学普遍不满，认为它们过于陈旧，跟不上时代前进的步伐，这从后面的建议中也能窥见一二。

（四）创新型广告人才智能结构评价

表5　对创新型广告人才具备人类智能结构的重要性的认知

单位:%，分

人类智能	非常不重要	不太重要	不好说	比较重要	非常重要	合计	得分
语言智能	0	0	10.7	28.6	60.7	100.0	4.50
逻辑—数学智能	0	3.7	7.4	33.3	55.6	100.0	4.50
空间智能	0	3.6	14.3	60.7	21.4	100.0	4.07
音乐智能	7.1	10.7	25.0	53.6	3.6	100.0	3.74
身体运动智能	10.7	21.4	35.7	25.0	7.1	100.0	3.58

从表5可以看出，"语言智能"和"逻辑—数学智能"被认为是最重要的，得分均为4.50。"身体运动智能"的得分偏低（3.58），这可能与广告行业特有的作业方式有关，加班加点在广告行业是司空见惯的事，体育运动成为一种奢侈消费，久而久之就被人忽视了。

（五）创新型广告人才情商结构评价

表6　对创新型广告人才具备情感能力的重要性的认知

单位:%，分

情感能力	非常不重要	不太重要	不好说	比较重要	非常重要	合计	得分
认知他人的能力	0	0	7.1	32.1	60.7	100.0	4.53
自我激励、自我发展的能力	0	0	3.6	39.3	57.1	100.0	4.53
人际交往的能力	0	0	7.1	50.0	42.9	100.0	4.36
自我认识的能力	0	0	0	64.3	35.7	100.0	4.36

（续上表）

情感能力	非常 不重要	不太 重要	不好说	比较 重要	非常 重要	合计	得分
情绪控制的能力	0	3.6	7.1	50.0	39.3	100.0	4.25
其他能力	0	25.0	0	50.0	25.0	100.0	3.75

表6表明，"认知他人的能力"（4.53）和"自我激励、自我发展的能力"（4.53）是被访者最为重视的情感能力，这或许与广告业主要提供第三方服务的工作性质有关，这种工作性质决定了从业者必须学会认知他人、理解他人的意图，同时能在超负荷状态下不断激励自我，提升自我。当然，如今快速的生活节奏和巨大的生存压力都在迫使每一位社会中人学会认识他人、认识自己、努力前进。

（六）创新型广告人才专业能力结构评价

总体来说，业界对这里所列的专业能力都非常重视，除个别专业特殊能力和专业综合能力外，对各种能力的认知得分均在4分以上。

1. 专业基本能力

表7　对创新型广告人才具备专业基本能力的重要性的认知

单位:%，分

专业基本能力	非常 不重要	不太 重要	不好说	比较 重要	非常 重要	合计	得分
创意能力	0	0	0	25.0	75.0	100.0	4.75
分析能力	0	0	0	35.7	64.3	100.0	4.64
沟通能力	0	0	0	39.3	60.7	100.0	4.61

专业能力结构中首先考察的是专业基本能力，这里主要包括三个方面："创意能力""分析能力"与"沟通能力"。数据分析显示，被访者认为创新型广告人才应具备的专业基本能力中，"创意能力"以4.75的得分排在第一位，而"分析能力"和"沟通能力"的重要性则相对较低，得分分别是4.64和4.61（见表7）。业界普遍认为，广告行业是一个"创意为王"的行业，但分析能力和沟通能力同样不可或缺，因为广告本身就是一种沟通，需要分析目标，并与目标做全方位交流。

2. 专业特殊能力

表8　对创新型广告人才具备专业特殊能力的重要性的认知

单位:%，分

专业特殊能力	非常 不重要	不太 重要	不好说	比较 重要	非常 重要	合计	得分
广告策划能力	0	0	7.1	32.1	60.7	100.0	4.53
广告创作能力	0	0	3.6	46.4	50.0	100.0	4.46
广告提案能力	0	3.6	0	46.4	50.0	100.0	4.43
市场调研能力	0	0	10.7	42.9	46.4	100.0	4.36
媒体运作能力	0	3.6	14.8	40.7	40.7	100.0	4.18
效果分析能力	0	10.7	10.7	53.6	25.0	100.0	3.93

　　在专业基本能力的基础上，需要更进一步考察的是专业特殊能力的重要性。最终的统计结果显示，重要性排在第一位的是"广告策划能力"；其次是"广告创作能力""广告提案能力"和"市场调研能力"；"媒体运作能力"和"效果分析能力"相对靠后。广告公司偏重实务，一直十分重视广告策划能力、广告创作能力及广告提案能力；但对广告效果分析的忽视是许多广告公司，尤其是本土广告公司由来已久的痼疾，这是一个值得反思的问题。

3. 专业综合能力

表9　对创新型广告人才具备专业综合能力的重要性的认知

单位:%，分

专业综合能力	非常 不重要	不太 重要	不好说	比较 重要	非常 重要	合计	得分
广告战略能力	0	0	3.6	50.0	46.4	100.0	4.43
广告管理能力	3.6	0	17.9	39.3	39.3	100.0	4.11
广告研究能力	7.1	0	14.3	50.0	28.6	100.0	3.93

　　对专业能力结构考察的第三个方面是对专业综合能力的重要性认知。调查显示（见表9），依据得分的高低给予相应的重要性排序，"广告战略能力"位列第一，其次是"广告管理能力"和"广告研究能力"。被访者对战略能力都极为重视，认为其是广告业管理人才的必备功力，也是广告界最稀缺的资源。

（七）广告公司从业人员的知识结构状况

表 10　广告公司从业人员最为薄弱的知识

单位:%，分

薄弱知识	完全不符合	不太符合	不好说	比较符合	非常符合	合计	得分
文化类知识	0	7.1	25.0	42.9	25.0	100.0	4.37
营销传播类知识	0	17.9	10.7	50.0	21.4	100.0	4.30
经济管理类知识	3.6	7.1	28.6	42.9	17.9	100.0	4.29
策划创意类知识	0	14.3	21.4	46.4	17.9	100.0	4.28
设计制作类知识	3.6	25.0	28.6	39.3	3.6	100.0	4.08

调查显示，广告公司从业人员的知识结构中，最薄弱的是"文化类知识"和"营销传播类知识"，得分分别为4.37和4.30。这就给广告教育者敲响了警钟，正如有些被访者所言，广告教育者不能把眼睛只盯在广告专业知识上，系统的通识教育和大学科教育也非常必要，且十分重要，其实，它们应该是学校教育之长。

（八）广告公司从业人员的发展障碍

表 11　广告公司从业人员未来发展的最大障碍

单位:%，分

发展障碍	完全不符合	不太符合	不好说	比较符合	非常符合	合计	得分
通才不通，专才不专	0	7.1	25.0	28.6	39.3	100.0	4.58
综合素质较低和文化底蕴不足	0	10.7	3.6	42.9	42.9	100.0	4.50
专业技能和实践动手能力弱	32.1	39.3	21.4	7.1	0	100.0	4.45
知识体系过于狭隘	0	7.1	14.3	46.4	32.1	100.0	4.41
专业理想黯淡，专业精神失落	3.6	21.4	14.3	35.7	25.0	100.0	4.41

（续上表）

发展障碍	完全不符合	不太符合	不好说	比较符合	非常符合	合计	得分
情商较低，协作能力和团队意识不强	0	14.3	21.4	39.3	25.0	100.0	4.39
上手快，而后劲不足	0	21.4	32.1	28.6	17.9	100.0	4.38

在针对广告公司从业人员未来发展障碍的调查中，从最终得分看，相差不大，说明这些情况在业界都是普遍存在的，而又尤以"通才不通，专才不专"和"综合素质较低和文化底蕴不足"最为严重，得分分别为4.58和4.50，这就给广告教育者提出了亟待反思的问题，即广告教育的目标到底是什么？是培养通才，还是培养专才？如果是培养通才，为什么会被认为是"综合素质较低和文化底蕴不足"，且"通才不通"？如果是培养专才，为什么会"专才不专"？

（九）广告业界和高校在广告教育方面的互动方式

表12 广告业界和高校在广告教育方面的互动方式及其重要程度

单位：%，分

互动方式（按重要程度排序）	第1位	第2位	第3位	第4位	第5位	第6位	第7位	第8位	第9位	第10位	得分
在广告公司建立实习基地，为学生实习提供条件	28.6	21.4	10.7	3.6	14.3	19.2	0	0	3.8	0	7.71
在教学过程引入真实项目，实行实践性案例教学	21.4	14.3	14.3	10.7	14.3	3.8	11.5	7.7	0	0	7.26
聘请业界优秀的专业人士带课，定期开讲座	21.4	14.3	14.3	14.3	7.1	7.7	3.8	11.5	3.8	3.8	6.93

（续上表）

互动方式（按重要程度排序）	第1位	第2位	第3位	第4位	第5位	第6位	第7位	第8位	第9位	第10位	得分
与广告公司合作成立短期培训班，为学生提供一带一的教练式培训	10.7	14.3	10.7	10.7	10.7	15.4	3.8	15.4	7.7	3.8	6.07
广告公司定期向合作高校提供实践案例，更新教学资源和素材	0	14.3	25.0	14.3	3.6	3.8	23.1	7.7	0	11.5	5.86
共同引导学生积极参加国内外广告大赛	3.6	3.6	7.1	14.3	3.6	23.1	23.1	3.8	11.5	3.8	5.12
定期开展业界、高校教师之间的交流研讨会	0	3.6	7.1	17.9	25.0	11.5	3.8	11.5	11.5	3.8	4.88
广告公司为高校教师提供留学研修培训的机会，加强我国广告教育	3.6	3.6	7.1	7.1	10.7	3.8	11.5	11.5	11.5	23.1	4.20
广告公司内部为广告新人提供完善的专业培训教育体系	10.7	7.1	3.6	7.1	3.6	11.5	15.4	23.1	0	11.5	4.12

中国广告创新型教育模式研究

（续上表）

互动方式（按重要程度排序）	第1位	第2位	第3位	第4位	第5位	第6位	第7位	第8位	第9位	第10位	得分
高等院校开办短、中、长期的培训班，为企业、广告公司提供广告人才培养的理论指导	0	3.6	0	0	7.1	0	3.8	7.7	38.5	38.5	2.35

注：第1～10位分别赋值10、9、8、7、6、5、4、3、2、1。

在广告业界与高校的互动方式上，从得分上可以看出，"在广告公司建立实习基地，为学生实习提供条件""在教学过程引入真实项目，实行实践性案例教学"和"聘请业界优秀的专业人士带课，定期开讲座"位居前三，得分分别为7.71、7.26和6.93，这说明业界非常看重高校在广告教育中对学生实践能力的培养，与目前各广告公司的用人理念颇为一致。

（十）专业与非专业、理论与实践之比

1. 广告公司从业者中广告专业与非广告专业之比

表13　广告公司从业者中广告专业与非广告专业的比例

广告专业与非广告专业之比	频次	百分比（%）	有效百分比（%）
30：70	9	32.1	32.1
10：90	4	14.3	14.3
20：80	4	14.3	14.3
60：40	3	10.7	10.7
80：20	3	10.7	10.7
15：85	1	3.6	3.6
40：60	1	3.6	3.6
50：50	1	3.6	3.6

上编　『中国广告创新型教育模式研究』系列调查

（续上表）

广告专业与非广告专业之比	频次	百分比（%）	有效百分比（%）
52∶48	1	3.6	3.6
70∶30	1	3.6	3.6
合计	28	100.0	100.0

表13表明，有32.1%的广告公司，其员工中的广告专业与非广告专业之比为30∶70，10∶90和20∶80的也各占14.3%，属于占主流的状况，这或许正应了业界流传的"广告专业的毕业生不做广告"的说法，也与各高校广告专业毕业生的实际就业状况相吻合。

2. 对广告公司从业者中广告专业与非广告专业最恰当之比的认知

表14　广告公司从业者中广告专业与非广告专业的最恰当比例

广告专业与非广告专业最恰当之比	频次	百分比（%）	有效百分比（%）
50∶50	8	28.6	29.6
30∶70	5	17.9	18.5
40∶60	5	17.9	18.5
60∶40	4	14.3	14.8
20∶80	2	7.1	7.4
65∶35	1	3.6	3.7
70∶30	1	3.6	3.7
80∶20	1	3.6	3.7
无回答	1	3.6	
合计	28	100.0	100.0

统计结果表明，业界最理想的员工构成是广告专业与非广告专业各占一半（29.6%），其次是30∶70和40∶60，各占18.5%（见表14）。

中国广告创新型教育模式研究

3. 对广告专业理论教学和实践教学恰当之比的认知

表 15　广告专业理论教学和实践教学的比例

理论教学与实践教学之比	频次	百分比（%）	有效百分比（%）
40：60	9	32.1	33.3
30：70	8	28.6	29.6
50：50	5	17.9	18.5
60：40	3	10.7	11.1
10：90	1	3.6	3.7
20：80	1	3.6	3.7
75：25	1	3.6	—
合计	28	100.0	100.0

从表 15 中可以看出业界对广告教学中实践的重视，认为最恰当的理论教学与实践教学之比为 40：60 的最多，有 33.3%，其次是 30：70，占 29.6%，认为应各占一半的也有 18.5%。总之，普遍的认知倾向是，实践不可忽视。

（十一）对广告专业学生接受学校教育和业界教育恰当之比的认知

表 16　广告专业学生接受学校教育和业界教育的比例

学校教育与业界教育之比	频次	百分比（%）	有效百分比（%）
60：40	7	25.0	25.9
40：60	6	21.4	22.2
70：30	6	21.4	22.2
50：50	3	10.7	11.1
80：20	3	10.7	11.1
10：90	1	3.6	3.7
90：10	1	3.6	3.7
无回答	1	3.6	
合计	28	100.0	100.0

虽然重视实践的作用，但业界丝毫没有忽视学校教育的重要性，认为学校教育和业界教育最恰当之比为60：40的最多，占所有被访者的25.9%，认为应是70：30的有22.2%；当然，也有人持不同看法，觉得业界教育更重要（40：60），他们占被访者总体的22.2%。

三、结语

调查显示，四成多的被访者认为，现有的广告教育模式不利于培养创新型广告人才，而"教学体制"（6.94）和"教学观念"（6.42）是其中最重要的妨碍因素；在智能结构方面，"语言智能"和"逻辑—数学智能"被认为是最重要的；"自我激励、自我发展的能力"和"认知他人的能力"是得分最高的情商指标（均为4.53）。就专业能力来说，三种专业基本能力（"分析能力""创意能力"和"沟通能力"）受到被访者的普遍重视；"广告策划能力"是最受重视的专业特殊能力；"广告战略能力"在专业综合能力中得分最高。在对广告界现状的认知中，"文化类知识"和"营销传播类知识"被认为是广告公司从业人员最为薄弱的环节；而他们的发展所受到的最大阻碍来自"通才不通，专才不专"以及"综合素质较低和文化底蕴不足"；在业界与高校的互动方式上，被访者多赞同"在广告公司建立实习基地，为学生实习提供条件"和"在教学过程引入真实项目，实行实践性案例教学"；与此相适应，有33.3%的被访者认为广告教育中的理论教学与实践教学应保持在40：60的比例上，但业界对学校教育的重要性亦有清醒的认识，有25.9%的被访者认为学生接受的学校教育和业界教育的合适之比应维持在60：40的比例上。

根据上述调查结果，我们建议如下：

第一，从宏观视角来看，我们应该完善教学体制，更新教学观念。中国的教学体制中，职称制度的实施虽仍不得已，其桎梏作用却早已有目共睹。为了晋升职称，教师不得不忙于所谓的"论文"和"著作"，造成高校人心不安，人力资源被大量浪费，学生成了最直接的受害人。职称制度的改革是解除教师头上"紧箍咒"的关键之道。

对学生而言，唯考试是从的制度造成了考试机器的大量出现，鲜活的知识愕是给学死、被扭曲，创造性、实践力均被泯灭殆尽。破除以考试论成败的制度也是当务之急。

对教师而言，灌输式教学亦应寿终正寝。正如许多广告业界人士所建议的那样，培养学生的实践能力和创造性思维是教师当下最重要的职责，而这只能靠启发式和案例教学来实现，灌输式和填鸭式的老一套当令行禁止。

第二，从微观角度看，可通过大学科制、案例教学、专业拓展、实践训练和学界业界互动等方式为培养创新型广告人才添砖加瓦。

大学科制。大学科制即人们常说的通识教育。各高校在课程设置上，不必拘泥于专业之限，而应文理兼备、中外结合，以文史哲为中心，兼及文科数学、经济学、政治学等。但这里的文理和中外的融汇需扎扎实实，不能流于形式。课程设置上可充分整合校内资源，不分院系，不分部门，只要是精于教学之道的教师都可请来授课，一方面提高课程的质量，另一方面增强课堂的吸引力。

案例教学。案例教学是"拿进来"，是在课堂上剖析业界的鲜活实例，是从实践到理论，一则可加深学生对理论的印象，夯实基础；二则可对呈碎片化的实践做理论提升和系统归纳，提高学生的分析能力和战略眼光。案例教学中的案例得新、得精，"陈芝麻""烂谷子"固然有其闪光之处，但与时代脱节的痕迹明显，所以，教师得"勤"，勤备课，勤沟通，跟上时尚潮流、时代步伐。

专业拓展。专业虽专，但旁逸与借鉴必不可少。就广告学来说，理论性较强的知识多来自营销学和心理学，工具性较强的知识则主要来自统计学，所以，专业课程的设置就不能仅限于创意、策划、文案之类，而应划分层次，各有偏重。比如，可从实践、理论和工具三个层面分别开课，每一层面确定一些核心课程，结合案例与实践做深入探讨与分析，全面拓展学生的专业素养与核心竞争力。

实践训练。广告是一门实践出真知的学科，前人经验固然重要，但替代不了自己的亲自操作。广告学有博大精深的理论体系，究其源头，仍是实践当先，所以，广告人才的培养不同于一般的社会学科，理论与实践不可偏废，皆应等同视之。实习是"走出去"，是广告专业的学生避不开的课题，其分量与上课一样重。学校应提供各种便利，为学生实习创造机会、提供指导，并监督学生的实习进程，督促他们时时总结、处处留意，让他们在实践中体味策划与创意，培养广告战略能力、广告管理能力和广告研究能力，适应社会竞争，提高情商与基本智能。

学界业界互动。学界与业界的互动是"拿进来"与"走出去"的结合。高校可聘请业界资深人士走进大学课堂，以自己的亲身经历为学生现身说法，激发学生的专业热情与专业理想，加深他们对业界的认知，拓展他们的专业视野；同时，高校也可积极地走出去，与业界联合举办各类活动，在与业界的合作中锻炼实操能力、组织管理能力，这也是学界展示自我、提高自身形象、触摸社会现实、了解前沿动态的绝好机会。

总之，创新型广告人才的培养需要从宏观和微观两个角度做综合规划，在创造良好的体制、观念环境的基础上，逐步改进教学方法、教学理念，以塑造更多为学界所认可、为业界所尊重的广告人才。

创新型广告人才教育调查报告之媒体篇

一、调查概要

(一) 调查研究目标

本调研报告共分为四篇,分别是"高校篇""广告公司篇""媒体篇""企业篇",本篇为"媒体篇"。本次调查活动的开展基于中国教育部与电通公司开展的"电通·中国广告人才培养基金项目"的子项目——"中国广告创新型教育模式研究",由暨南大学新闻与传播学院杨先顺教授主持。调查目标有以下4个方面:

(1) 通过调查研究,了解广州重要的媒体广告公司等对中国高校现有广告教学模式的整体评价。

(2) 通过将"对现有广告模式的整体评价"同"现阶段媒体广告从业人员的薄弱项和阻碍力"进行交叉分析,探索"我国高校广告教育的现状"对"现阶段媒体广告从业人员的薄弱项和阻碍力"的培养状况及二者的内在联系。

(3) "媒体篇"的调查对象主要是在媒体从事广告经营的工作者。通过对他们进行深度访谈,探索媒体与高校的合作空间和对高校广告教育的具体要求。

(4) 针对数据分析,厘清我国现今广告教学的现状,整合各类媒体广告工作者对广告教育的评价与建议,以及在新的教学观念的指引下,为建构更科学、合理的专业知识体系提供指导。

(二) 调查实施方法

暨南大学新闻与传播学院广告系于2007年10月成立课题小组,确定操作程序。在征求相关人员的意见之后开始设计调查问卷,确定调研方案。调查实施的时间是2007年10月至2008年1月。本调查为自填式问卷的非随机调查,抽样方式为配额抽样。各媒体问卷投放及回收情况见表1:

表 1　问卷投放及回收情况

媒体类别	媒体全称	投放问卷（份）	回收的有效问卷（份）	有效回收率（%）
广电类	广东电视台	1	1	100.0
	南方电视台	1	1	100.0
	广州电视台	1	1	100.0
	广州人民广播电台	1	1	100.0
报纸类	《广州日报》	1	1	100.0
	《南方周末》	1	1	100.0
	《南方农村报》	1	1	100.0
	《南方都市报》	1	1	100.0
	《信息时报》	1	1	100.0
	《新快报》	1	1	100.0
杂志类	《新周刊》	1	1	100.0
	《共鸣》	1	1	100.0
	《赢周刊》	1	1	100.0
	《精英》	1	1	100.0
	《家庭医生》	1	1	100.0
	《风尚周报》	1	1	100.0
网络类	网易	1	1	100.0
	新浪网	1	1	100.0
	太平洋网	1	1	100.0
	中国广告网	1	1	100.0
合计		20	20	

二、调查结果

（一）广告人才教育现状评价

表2　现有广告教育模式是否有利于培养创新型广告人才

选项	频次	百分比（%）	有效百分比（%）
非常有利于	1	5.0	5.0
比较有利于	5	25.0	25.0
不好说	6	30.0	30.0
不太利于	8	40.0	40.0
很不利于	0	0	0
无回答	0	0	0
总计	20	100.0	100.0

注：样本=20，这里使用百分数是为了方便与其他样本组进行比较。下面出现同种情况，如无特别说明，均为同样原因。

　　调查发现，将近一半（40.0%）的被访者认为，中国高校现有的广告教育模式"不太利于"创新型广告人才的培养，还有30.0%的被访者选择了"不好说"；相比之下，只有30.0%的被访者认为"非常有利于"与"比较有利于"创新型广告人才的培养（见表2）。

表3　现有广告教育模式中妨碍创新型广告人才培养的因素

单位:%，分

妨碍因素（按严重程度排序）	第1位	第2位	第3位	第4位	第5位	第6位	第7位	第8位	第9位	得分
教学体制	36.8	15.8	10.5	5.3	10.5	5.3	0	15.8	0	7.1
教学观念	26.3	26.3	10.5	5.3	5.3	15.8	5.3	0	25.0	7.0
课程体系	15.8	31.6	21.1	5.3	5.3	5.3	21.1	0	0	6.9
教学内容	5.3	15.8	10.5	36.8	10.5	15.8	0	5.3	0	6.2

中国广告创新型教育模式研究

（续上表）

妨碍因素（按严重程度排序）	第1位	第2位	第3位	第4位	第5位	第6位	第7位	第8位	第9位	得分
教学方法和手段	0	5.3	26.3	26.3	31.6	5.3	5.3	0	0	6.0
师资力量和水平	10.5	5.3	5.3	10.5	10.5	21.1	26.3	5.3	0	4.9
教学条件	5.3	0	5.3	10.5	5.3	26.3	42.1	10.5	0	3.8
学生素质	0	0	10.5	0	21.1	0	0	63.2	25.0	2.6
其他可能性因素	0	0	0	0	0	5	0	0	50	1.3
合计	100.0	100.0	100.0	100.0	100.0	100.0	100.0	100.0	100.0	

注：第 1~9 位分别赋值 10、8.75、7.5、6.25、5、3.75、2.5、1.25、0。

媒体单位认为，教学体制、教学观念、课程体系三个方面是妨碍创新型广告人才培养的主要原因，而教学条件、学生素质和其他可能性因素影响相对较低。由此可见，多数被访者所认为的妨碍创新型广告人才培养的因素（教学体制、教学观念、课程体系等）多为教学中所称的"内在因素"，需要创造良好的体制、机制、观念体系来推动创新型人才的培养；相对而言，"外在条件"如教学条件、学生素质和其他可能性因素则在本质上已具备培养能力，这与中国广告专业学生本身的资质不差，教学条件在近年来有所改善密切联系。

（二）创新型广告人才能力系统评价

在您认为创新型广告人才具备这些智能是否重要的调查中，"语言智能"位居第一位。对于情感能力六个方面的重要性程度的认知中，得分最高的是"认知他人的能力"。被访者认为创新型广告人才应具备的专业基本能力的重要性中，"创意能力""沟通能力"和"分析能力"的重要性相当。在专业特殊能力的重要性的认知调查中，排在第一位的是"广告策划能力"。在对专业综合能力的重要性的认知进行考察的三个方面中，依据得分的高低给予相应的重要性排序，"广告战略能力"位居第一，其次是"广告研究能力"和"广告管理能力"。

1. 创新型广告人才智能结构评价

表4　对创新型广告人才具备人类智能结构的重要性的认知

单位:%，分

人类智能	非常不重要	不太重要	不好说	比较重要	非常重要	无回答	合计	得分
语言智能	0	0	0	15.0	85.0	0	100.0	4.85
空间智能	0	5.0	20.0	30.0	45.0	0	100.0	4.15
逻辑—数学智能	0	10.0	10.0	50.0	30.0	0	100.0	4.00
音乐智能	0	25.0	35.0	15.0	25.0	0	100.0	3.40
身体运动智能	5.0	25.0	25.0	25.0	20.0	0	100.0	3.30

"语言智能"居第一位，所有的被访者都认为其"非常重要"或"比较重要"，其次分别是"空间智能""逻辑—数学智能""音乐智能""身体运动智能"。这与媒体广告部的日常工作分不开，广告主要以适应媒体的文字和语言运用为基础。与广告公司不同，媒体的广告部主要组织广告发布活动，对创新性要求较少，且因为广告发布最终都要通过媒体，媒体的主动权比较大，所以其广告部门的职责多在于将广告信息写成文字。

2. 创新型广告人才情感结构评价

表5　对创新型广告人才具备情感能力的重要性的认知

单位:%，分

情感能力	非常不重要	不太重要	不好说	比较重要	非常重要	无回答	合计	得分
认知他人的能力	0	10.0	5.0	40.0	45.0	0	100.0	4.65
自我激励、自我发展的能力	0	10.0	5.0	45.0	40.0	0	100.0	4.40
人际交往的能力	0	0	10.0	40.0	50.0	0	100.0	4.40
自我认识的能力	0	0	5.0	25.0	70.0	0	100.0	4.20
情绪控制的能力	0	10.0	5.0	45.0	40.0	0	100.0	4.15
其他能力	0	0	5.0	10.0	5.0	80.0	100.0	4.00

在情感能力六个方面的重要性程度认知中，得分最高的是"认知他人的能力"。随着市场经济的发展，媒体现在多数也是自负盈亏，广告是媒体收入

中国广告创新型教育模式研究

的一个主要来源。媒体广告部人员对外性质增强，能精准地抓住广告主的需求是从业人员必须具备的能力。分列第 2~5 位的是"自我激励、自我发展的能力""人际交往的能力""自我认识的能力"以及"情绪控制的能力"。

3. 创新型广告人才专业基本能力结构评价

表6 对创新型广告人才具备专业基本能力的重要性的认知

单位:%，分

专业基本能力	非常不重要	不太重要	不好说	比较重要	非常重要	无回答	合计	得分
创意能力	0	0	0	30.0	70.0	0	100.0	4.70
沟通能力	0	0	5.0	20.0	75.0	0	100.0	4.70
分析能力	0	0	0	30.0	70.0	0	100.0	4.70

"创意能力""沟通能力"和"分析能力"的重要性相当，这反映了媒体对广告人才专业基本功的要求越来越全面。随着广告业的蓬勃发展，广告行业的竞争也越来越激烈。媒体之间对广告的争夺同样趋紧，媒体需要有更强的专业基本能力来适应广告业变化的需求。

4. 创新型广告人才专业特殊能力结构评价

表7 对创新型广告人才具备专业特殊能力的重要性的认知

单位:%，分

专业特殊能力	非常不重要	不太重要	不好说	比较重要	非常重要	无回答	合计	得分
广告策划能力	0	5.0	0	20.0	75.0	0	100.0	4.65
广告提案能力	0	0	0	40.0	60.0	0	100.0	4.60
效果分析能力	0	0	0	60.0	40.0	0	100.0	4.40
广告创作能力	0	0	5.0	50.0	45.0	0	100.0	4.40
媒体运作能力	0	5.0	0	60.0	35.0	0	100.0	4.25
市场调研能力	5.0	5.0	0	60.0	30.0	0	100.0	4.05

在专业基本能力的基础上，需要进一步考察的是专业特殊能力的重要性。所得数据显示（见表7），重要性排在第一位的是"广告策划能力"，其次是"广告提案能力"，"广告创作能力"和"效果分析能力"并列第三，最后是

上编 『中国广告创新型教育模式研究』系列调查

"媒体运作能力"和"市场调研能力"。可见，媒体比较关注广告专业人员的相关运用能力，对广告人员的专业能力较为看重。广告人也只有提高其专业优势，才能提升自我的价值。

5. 创新型广告人才专业综合能力结构评价

表8 对创新型广告人才具备专业综合能力的重要性的认知

单位:%，分

专业综合能力	非常不重要	不太重要	不好说	比较重要	非常重要	无回答	合计	得分
广告战略能力	0	10.0	0	20.0	70.0	0	100.0	4.50
广告研究能力	0	5.0	5.0	45.0	45.0	0	100.0	4.30
广告管理能力	5.0	10.0	0	55.0	30.0	0	100.0	4.10

专业综合能力中，"广告战略能力"的重要性位列第一，其次分别是"广告研究能力""广告管理能力"。这可能是由于媒体主要从事新闻事业，广告只是其运营机制的一部分导致的。至于广告管理则被归入媒体进行整体管理，而广告研究也被纳入专业的广告公司和调研机构。

（三）创新型广告人才现状评价

1. 广告人员知识最薄弱环节

表9 广告从业人员最为薄弱的知识

单位:%，分

薄弱知识	完全不符合	不太符合	不好说	比较符合	非常符合	无回答	合计	得分
营销传播类知识	0	35.0	5.0	40.0	20.0	0	100.0	3.45
文化类知识	0	40.0	15.0	35.0	10.0	0	100.0	3.15
策划创意类知识	10.0	20.0	25.0	35.0	10.0	0	100.0	3.15
经济管理类知识	20.0	15.0	15.0	35.0	15.0	0	100.0	3.10
设计制作类知识	5.0	40.0	20.0	30.0	5.0	0	100.0	2.90
其他	0	0	10.0	0	0	10.0	90.0	0.30

表9显示，"营销传播类知识"是创新型广告人才最为薄弱的知识环节（得分为3.45），这与各高校的课程设置不无关系。高校的课程设置多以某类

专业为核心，对旁系学科涉及较少，致使学生知识面过窄，适应性差。严格来说，广告就是一种营销，当以营销知识为理论来源和专业基础。

2. 广告人员未来最大的发展障碍

表10　广告人员未来最大的发展障碍

单位:%，分

发展障碍	完全不符合	不太符合	不好说	比较符合	非常符合	无回答	合计	得分
情商较低，协作能力和团队意识不强	0	5.0	20.0	55.0	20.0	0	100.0	3.90
专业理想黯淡，专业精神失落	0	15.0	25.0	35.0	25.0	0	100.0	3.70
知识体系过于狭隘	5.0	10.0	10.0	60.0	15.0	0	100.0	3.70
上手快，而后劲不足	5.0	15.0	10.0	55.0	15.0	0	100.0	3.60
通才不通，专才不专	5.0	5.0	35.0	40.0	15.0	0	100.0	3.55
综合素质较低和文化底蕴不足	5.0	25.0	20.0	40.0	10.0	0	100.0	3.25
专业技能和实践动手能力弱	5.0	35.0	15.0	30.0	15.0	0	100.0	3.15
其他	0	0	10.0	0	0	90.0	100.0	3.00

　　"情商较低，协作能力和团队意识不强"（得分为3.90）被认为是广告从业人员未来发展最主要的障碍，这可能与80后过于西化、过于强调自我和个性不无关系，有待学校教育的改善与调整。"知识体系过于狭隘"（得分为3.70）和"专业理想黯淡，专业精神失落"（得分为3.70）也构成了主要的发展障碍，前者部分源于应试教育和社会浮躁之风的影响，也因各高校在学科设置上的画地为牢；后者则与广告业的现状有莫大关系。从访谈的结果来看，广告从业者普遍称工作压力太大，收入却又极为有限，这在一定程度上给了后来者以消极警示，削弱他们对广告业的兴趣及热情。

3. 媒体招聘倾向：专业类型

表 11　媒体倾向于招聘哪个院系的学生

院系类别	频次	百分比（%）
新闻传播	11	55.0
美术艺术	5	25.0
管理经济	4	20.0
中文	4	20.0
其他	1	5.0
无特别倾向	5	25.0
总计	30	

注：本题为多选题。

媒体招聘广告人才，更倾向于从"新闻传播"类院系毕业生中挑选。他们大多认为接受过系统的新闻学、传播学和广告学教育的学生能很快适应广告的作业流程，进入工作角色，其中基础牢固者还能逐渐释放出强劲的发展潜力，成为业界的领军人物。对"美术艺术"类院系毕业生的需求量也相对较高，这是由广告业的特殊性质决定的。同时，这也为广告教育创造了一个机会，即在课程设置上可以尽量多结合美术艺术类知识，把学生塑造成复合型人才。

4. 媒体招聘倾向：学生类型

表 12　媒体倾向于招聘哪种类型的学生

学生类型	频次	百分比（%）
复合型	17	85.0
动手型	5	25.0
专业型	1	5.0
研究型	1	5.0
其他	1	5.0
无特别倾向	0	0.0
总计	25	

注：本题为多选题。

表 12 数据显示，"复合型"和"动手型"的学生更为媒体所青睐。复合型人才是当下人才发展的一种趋势，用人单位更喜欢一专多能的职员。一方面是因其潜力大，另一方面是出于节约人力成本的考量。动手型人才对广告业来说至关重要。广告的实操性强，需要从业者拥有较强的策划力、创造力、市调能力和执行能力。

5. 媒体广告专业毕业人员日常工作内容

表 13　媒体广告专业毕业人员日常工作内容

工作内容	频次	百分比（%）
活动策划	18	90.0
市场销售	15	75.0
调查分析	11	55.0
公共关系	7	35.0
媒体选择与投放	5	25.0
新闻宣传	4	20.0
战略规划	4	20.0
行政管理	2	10.0
总计	66	

注：本题为多选题。

在媒体中就业的广告专业毕业生，其日常工作主要是"活动策划""市场销售"和"调查分析"，而这些正是广告专业课程设置中的核心内容。也就是说，媒体广告专业毕业人员基本上还是在自己的专业范围内工作；换个角度看，这说明媒体广告工作对从业人员的专业知识要求很高。

6. 对广告专业毕业人员专业能力评价

表 14　您对贵单位广告专业毕业人员的专业能力评价

能力评价	频次	百分比（%）	有效百分比（%）
很低	0	0	0
较低	1	5.0	5.6
一般	6	30.0	33.3
较高	11	55.0	61.1
无法作出判断	2	10.0	
总计	20	100.0	100.0

多数媒体单位对广告专业毕业人员的专业能力评价较高，结合媒体对广告人才的招聘和媒体广告专业人员的日常工作来看，其对广告专业出身的从业者还是比较认可的。

7. 对广告专业毕业人员综合素质评价

表15　您对贵单位广告专业毕业人员的综合素质评价

素质评价	频次	百分比（%）	有效百分比（%）
很低	0	0	0.0
一般	8	40.0	47.0
较高	9	45.0	53.0
无法作出判断	3	15.0	
总计	20	100.0	100.0

有接近一半的媒体单位对广告专业毕业人员的综合素质评价较高，另有四成单位认为这些从业者的综合素质一般。这说明广告专业毕业的人员的综合素质得到了用人单位的肯定，但还有待于进一步提高。

（四）创新型广告人才教学体系评价

1. 理想中理论教学与实践教学的设置比例

表16　理想中理论教学与实践教学的设置比例

理论教学与实践教学之比	百分比（%）
40∶60	21.4
60∶40	21.4
30∶70	14.3
50∶50	14.3
70∶30	14.3
20∶80	7.1
65∶35	7.1

在现今理论教学与实践教学的设置上，被认为最理想的比例是40∶60和60∶40，均占被访者的21.4%。其次是30∶70、50∶50、70∶30的比例。由此看出，大部分人认为理论课与实践课的比重应该相对平衡（见表16）。

2. 理想中学校教育与业界教育的设置比例

表 17　理想中学校教育与业界教育的设置比例

学校教育与业界教育之比	百分比（%）
70∶30	35.7
30∶70	14.3
40∶60	14.3
50∶50	14.3
80∶20	14.3
60∶40	7.1

在调查学校教育与业界教育的期望比例时，我们发现 70∶30 是最多人（35.7%）选择的选项。此外，80∶20、50∶50、40∶60、30∶70 则不相上下（14.3%）。有部分人（7.1%）认为两者的比例设置应为 60∶40。但学校教育的重要性还是具有压倒性优势的（见表 17）。

（五）媒体与高校的合作情况

在接受调查的媒体中，7 家媒体与高校有过合作，13 家媒体从未与高校有过合作，没有合作过的媒体占大多数。合作的形式集中在：①提供实习基地；②合办大赛，调研项目；③相互邀请专家、学者讲学。但不同类别的媒体与高校合作的方式有明显差异。

1. 网络媒体

网络作为新兴的媒体，受市场经济的影响较深，且懂得利用资源，与高校开展多种类型的活动，互惠互利。如举办广告大赛增强网络媒体对现实生活的影响力。另外，网络本身对文字水平的要求较低，且能在传统媒体资源垄断的情况下，开展自己的调研，取得更多可利用资源，扩大自己的话语权，提升其在大众和广告主心中的地位。此外，网站属于多媒体，所以网站的广告制作需要较高的技术和大量的人才。这不仅让学生有从理论到实践的机会，也使用人单位较早地挖掘和吸引到适应网站工作的广告人才；同时，节约了网站内部人员的劳动力——将部分基础工作交给学生，集中力量做最重要的工作，以适应市场经济资源优化配置的需要。

2. 报纸媒体

报纸作为传统媒体，在群众中有较深厚的影响力。且报纸广告制作要求不高或不需要自己制作（外包给代理公司），所以并不急切需要广告专业的学生参与具体的设计或版面贩卖。另外，考虑到报纸的读者文化素质较高，且较多集中在有社会影响力的文化论坛、评比等高端活动或场所中。而这类活动多数由高校的专家资源或研究资源进行联合，与学生实践类合作有一定距离。

3. 杂志媒体

杂志市场化程度渐渐提高。在人员设置上，媒体编辑和广告客服有合二为一的趋势，因此他们对广告人员的要求更注重新闻稿件的编辑能力和客服能力，也很欢迎这类复合型专业人才来实习。另外，杂志的文化性、专业性较高，特别是新闻类杂志的权威性与项目研究和文化类大赛有很好的切合点，因此在这方面与高校有较多的合作，大众消费类杂志则合作较少。

4. 广电类媒体

广电类媒体属于传统强势媒体，拥有强大的社会资源，但与高校合作相对其他媒体较少。虽然与高校有实习合作，但广告类较少，多数为采编类，只有广东电视台在 20 世纪 90 年代初建立过广告类学生实践基地。现在高等院校培养的学生在专业性上还无法满足广电类媒体的广告从业要求。

（六）业界对广告教育的意见

业界普遍的意见集中反映在以下三个方面：

（1）改革广告教学课程，革新教学观念，培养全面的基本素质并增强创新能力；

（2）理论要与实践平衡，并结合起来不断地更新知识；

（3）多借鉴国外的先进经验和模式，学界和业界多开展合作，提升专业运用能力。

三、结语

本次调查从问卷设计到调查完成历时四个月，涉及广州多家有影响力的媒体。其中包括广电类的广东电视台、南方电视台、广州电视台等，报纸类有《南方周末》《南方都市报》《南方农村报》《广州日报》《信息时报》《新快报》，杂志类有《新周刊》《共鸣》《赢周刊》《家庭医生》《精英》《风尚周报》以及网络类的网易、新浪网、太平洋网、中国广告网。对这些媒体的广告经营从业者进行了问卷采访和深度访谈。回收有效问卷20份，回收率100%。本次调查以现今广告教育模式的评价、广告学专业能力系统、广告人现实情况分析以及广告学专业教学方法四个方面为基础，对我国现今广告教育模式进行了全面考察。

根据调研结果，提出以下三个方面的建议：

（1）转变现行的广告体制、制度和观念。

调查发现，将近一半（40.0%）的被访者认为，中国高校现有广告教育模式"不太利于"创新型广告人才的培养，还有30.0%的被访者选择了"不好说"；相比之下，只有30.0%的被访者认为"非常有利于"与"比较有利于"创新型广告人才的培养。在访谈中，一个突出的问题是，业界对广告人才培养的许多具体课程体系都不太了解，出现了业界和学界互不熟悉的局面。在众多因素中，教学体制、教学观念、课程体系被多数被访者认为是妨碍创新型广告人才培养的主要因素。而我国教学条件、学生素质等基本达到要求，并不是主要影响我国广告教育的原因，所以改革现行的广告教育模式应尽快完善与修正一些体制上的观念、课程设置等，为广告教育改革创造良好的外部环境。如理论教育与实践教育的平衡互动设置，学校教育与业界教育的合作与推动等。

（2）重点提升广告人才的综合素质。

媒体对广告从业人员最为薄弱的知识的调查中，"营销传播类知识"最为缺乏，最不缺乏的是"设计制作类知识"和"其他"。说明广告人员普遍知识结构较为单一，只停留在动手的阶段。对广告人员未来最大的发展障碍的调查中，"情商较低，协作能力和团队意识不强"被认为是最主要的障碍，其次是"知识体系过于狭隘"和"专业理想黯淡，专业精神失落"。进一步调查媒体倾向于招聘哪种类型的学生中，85%的被访者选择了"复合型"的学生。由此可见，复合型的广告人才是媒体最需要的，也在发展中最具潜力。在媒体对广告专业毕业人员的综合素质评价中，有接近一半（45%）的被访者认为广告专业毕业的人员拥有"较高"的综合素质，但同时也有40%的被访者选择"一般"，还有15%的被访者选择了"无法作出判断"。由此可见，媒体对广告专业毕业人员的综合素质有一定的认同，但是还有待提高。因此，在广告人才教育中，除了专业知识之外，还应加强对广告业的职业操守和职业精神的灌输，培养对自身职业的热爱，突破"在广告中学广告"的局限，扩大知识体系，增强文化底蕴和自我学习能力。这其中包括理论上和实际操作上的灌输，如对团队合作等人际交往技能锻炼，可以增加小组作业并严格考核个人贡献，注重过程检查。

（3）加强专业优势。

一方面，调查显示，专业基本能力中的"创意能力""沟通能力"和"分析能力"的重要性相当。专业特殊能力中，"广告策划能力"居第一位，其次是"广告提案能力"。在专业综合能力方面，"广告战略能力"最为重要。另一方面，媒体认为"语言智能"是创新型广告人才最重要的智能；在情感能力方面认为"认知他人的能力"最重要，这都离不开媒体广告人才从事工作和需求能力的特殊性。在媒体广告专业毕业人员日常工作内容中，被访者普遍认为"活动策划"为最主要的工作内容，业界对广告人才的招聘最倾向于新闻传播类院系的学生。媒体对广告专业毕业人员的专业能力都提出了较高的专业要求。

由此，在广告教育中，要使广告教育得到更好的发展，就必须紧跟媒体广告经营的实际需要，突出专业能力的培养，加强专业优势，提升竞争力。

创新型广告人才教育调查报告之企业篇

一、调查概要

受访者认为，在中国高校现有的广告教育体系中，教学体制、教学观念、教学方法和手段是妨碍创新型广告人才培养的最主要因素。调查显示广告人才的沟通协作能力的重要性与当今广告从业人员沟通协作能力的不足之间存在矛盾。在广告人才的情感能力结构中，"人际交往的能力"最受被访者的重视；在广告人才的专业基本能力中，"沟通能力"也被认为相当重要，仅次于"创意能力"。然而"情商较低，协作能力和团队意识不强"却被认为是当今广告从业人员未来发展的最大障碍之一。

调查显示企业对广告人才的实践能力的重视与当前广告教育和实践脱节的现状之间存在矛盾。在被访者青睐的广告专业毕业生的类型中，"动手型"仅次于"复合型"位列第二；大部分被访者对实践教学和业界教育相当重视；在被访者对中国高校广告教育提出的各种各样的期望中，被提及最多的关键词是"实践"。然而，调查还显示，企业与高校的广告教育领域的合作十分缺乏；在评价中国高校广告教育模式时，大多数被访者持中立或保守态度也可能与企业对中国高校广告教育模式的生疏有关。此外，企业对广告人才的宏观思维能力的重视与当前广告从业人员宏观思维能力不足之间存在矛盾。

被访者认为，创新型广告人才"专业综合能力"的三个方面中，"广告战略能力"的重要性位列第一。而作为提供广告人才的宏观思维能力的"营销传播类知识"和"经济管理类知识"却被认为是目前广告从业人员知识最薄弱的方面，这可能是广告教育只注重微观的技能训练造成的。

（一）调查研究目标

本次调查活动的开展基于中国教育部与电通公司开展的"电通·中国广告人才培养基金项目"的子项目——"中国广告创新型教育模式研究"，由暨南大学新闻与传播学院杨先顺教授主持。该调研报告共分为四篇，分别是"高校篇""广告公司篇""媒体篇""企业篇"，本调查报告的撰写基于"企业篇"的数据整理。

本次调查试图通过对国内 20 家用人单位（媒体及广告公司之外的一般企业）的广告相关部门（广告部、公关部、企划部、市场部、营销部等）的主管或相关人员进行问卷调查，了解用人单位的人才需求和对中国广告教育及人才的期待与评价，在此基础上总结出一套面向中国市场需求的创新型广告人才教育模式。

"企业篇"的调查对象抽选自除广告公司及媒体之外的国内企业。这些企业是除广告公司及媒体之外，广告人才流向的又一大去处，其对广告人才具有特殊的需求和要求，因而对广告人才的要求及对广告教育的评价具有很高的研究价值。调查目标有以下三个方面：

（1）通过调查研究，了解我国用人单位对中国现有广告教育模式的整体评价及对广告人才的用人需求和用人评价。

（2）通过用人企业对创新型广告人才的需求与期许和对现有广告人才的评价与用人现状的对比分析，发现我国的广告人才供给与广告人才市场需求的差距，探索我国广告人才教育的不足与发展的方向。

（3）通过调查研究，了解企业对广告教育的评价和期许，对人才的需求和要求，以此来观照中国现行的广告教育体系，为建构更科学、合理的专业知识体系提供指导。

（二）调查实施方法

暨南大学新闻与传播学院广告系于 2007 年 10 月成立课题小组，确定操作程序。在征求相关人员的意见之后开始设计调查问卷，确定调研方案。调查实施的时间是 2007 年 10 月至 2008 年 1 月。本调查为自填式问卷的非随机调查，抽样方式为配额抽样。接受调查的企业名单见表 1：

表 1　受访的企业名单

序号	企业名称
1	广州白云山和记黄埔中药有限公司
2	青岛海信电器股份有限公司太原经营分公司
3	联想（北京）有限公司太原分公司
4	方圆集团有限公司
5	中国移动广东分公司

（续上表）

序号	企业名称
6	广州优识资讯系统有限公司
7	太原重型机械集团有限公司
8	广州博为国际咨询集团
9	浙江物产国际贸易有限公司
10	博客大巴
11	保利房地产（集团）股份有限公司
12	广东省电信公司东莞分公司
13	广州市生美装饰材料有限公司
14	郑州太古可口可乐饮料有限公司
15	广州尼尔森市场研究有限公司
16	日立电梯（中国）有限公司
17	上海仁新企业集团有限公司
18	上海喜士多便利连锁有限公司
19	浙江宝亿投资集团有限公司
20	丹麦 DC 船舶装备联合公司中国区

二、调查结果

（一）广告人才教育模式整体评价

1. 广告教育模式的评价

调查中发现，在20个样本中，有9位被访者对于现行广告教育模式是否有利于培养创新型广告人才持中立态度，7位被访者认为中国高校现有广告教育模式"不太利于"创新型广告人才的培养，也有4位被访者认为"比较有利于"创新型广告人才的培养。被访者在此题的回答中采取了保守的态度，没有人选择"很不利于"或"非常有利于"的说法，究其原因，可能与被访者不太了解现行中国的广告教育模式有关系（见表2）。

表2　现有广告教育模式是否有利于培养创新型广告人才（样本=20）

选项	非常有利于	比较有利于	不好说	不太利于	很不利于	合计
频次	0	4	9	7	0	20

2. 广告教育模式妨碍因素评价

在询问被访者对中国高校现有广告教育模式中哪些方面妨碍了创新型广告人才的培养的看法时发现，教学体制、教学观念、教学方法和手段三个因素分别以8.25、7.69、6.44的得分排在前三位（见表3）。

表3　广告模式中妨碍创新型广告人才培养的方面

单位:%，分

妨碍因素（按严重程度排序）	第1位	第2位	第3位	第4位	第5位	第6位	第7位	第8位	第9位	得分
教学体制	60	5	10	5	5	10	5	0	0	8.25
教学观念	10	55	15	5	5	5	0	0	5	7.69
教学方法和手段	10	10	25	20	20	10	0	5	0	6.44
课程体系	5	15	20	20	5	20	5	10	0	5.81
师资力量和水平	10	10	15	5	20	15	25	0	0	5.50
教学内容	0	5	5	40	30	0	15	5	0	5.25
教学条件	0	0	0	5	15	35	20	25	0	3.19
学生素质	5	0	10	0	0	5	30	50	0	2.81
其他可能性因素	0	0	0	0	0	0	0	5	95	0.06
合计	100	100	100	100	100	100	100	100	100	

注：第1~9位分别赋值10、8.75、7.5、6.25、5、3.75、2.5、1.25、0。

（二）创新型广告人才能力结构的认知

1. 基本能力结构的认知：智能

美国哈佛大学教授加德纳将人类的智能分为五个方面：语言智能、逻辑—数学智能、空间智能、音乐智能和身体运动智能。在"您认为创新型广告人才具备这些智能是否重要"的调查中，"语言智能"以 4.60 的得分位于第一位；其次分别是空间智能、逻辑—数学智能、音乐智能、身体运动智能，得分依次为 4.05、3.75、3.30、3.05（见表 4）。

表 4 对创新型广告人才具备人类智能结构的重要性的认知

单位:%，分

人类智能	非常重要	比较重要	不好说	不太重要	非常不重要	合计	得分
语言智能	65	30	5	0	0	100	4.60
空间智能	25	55	20	0	0	100	4.05
逻辑—数学智能	20	45	25	10	0	100	3.75
音乐智能	10	30	40	20	0	100	3.30
身体运动智能	5	30	30	35	0	100	3.05

2. 基本能力结构的认知：情感能力

对于情感能力六个方面的重要性程度的认知中，得分最高的是"人际交往的能力"（得分为 4.60）；依据得分进行重要性程度排序，分列第 2~5 位的是"自我激励、自我发展的能力""认知他人的能力""自我认识的能力"以及"情绪控制的能力"（见表 5）。

表 5 对创新型广告人才具备情感能力的重要性的认知

单位:%，分

情感能力	非常重要	比较重要	不好说	不太重要	非常不重要	合计	得分
人际交往的能力	65	30	5	0	0	100	4.60

上编 『中国广告创新型教育模式研究』系列调查

（续上表）

情感能力	非常重要	比较重要	不好说	不太重要	非常 不重要	合计	得分
自我激励、自我发展的能力	45	55	0	0	0	100	4.45
认知他人的能力	40	40	20	0	0	100	4.20
自我认识的能力	20	60	20	0	0	100	4.00
情绪控制的能力	35	35	20	10	0	100	3.95

3. 专业能力结构的认知：专业基本能力

专业能力结构中首先考察的是专业基本能力，这里主要包括三个方面："分析能力""创意能力"与"沟通能力"。数据分析显示，被访者认为创新型广告人才应具备的专业基本能力的重要性中，"创意能力"以4.85的得分排在第一位；"沟通能力"和"分析能力"的重要性则相对较低，得分依次是4.80和4.45（见表6）。

表6　对创新型广告人才具备专业基本能力的重要性的认知

单位:%，分

专业基本 能力	非常重 要	比较重 要	不好说	不太重 要	非常不 重要	合计	得分
创意能力	85	15	0	0	0	100	4.85
沟通能力	80	20	0	0	0	100	4.80
分析能力	45	55	0	0	0	100	4.45

4. 专业能力结构的认知：专业特殊能力

在专业基本能力的基础上，需要进一步考察的是专业特殊能力的重要性。课题组在设置问卷时，着重从"市场调研能力""广告策划能力""广告创作能力""广告提案能力""媒体运作能力""效果分析能力"六个方面进行考察。所得数据显示，重要性排在第一位的是"广告创作能力"，得分为4.70；其次是"广告策划能力"和"广告提案能力"，得分分别是4.40、4.35；随后是"市场调研能力""效果分析能力""媒体运作能力"，得分依次为4.20、4.20、4.05（见表7）。

表7 对创新型广告人才具备专业特殊能力的重要性的认知

单位:%,分

专业特殊能力	非常重要	比较重要	不好说	不太重要	非常不重要	无回答	合计	得分
广告创作能力	70	30	0	0	0	0	100	4.70
广告策划能力	60	35	0	0	0	5	100	4.40
广告提案能力	45	45	10	0	0	0	100	4.35
市场调研能力	40	50	0	10	0	0	100	4.20
效果分析能力	30	60	10	0	0	0	100	4.20
媒体运作能力	30	50	15	5	0	0	100	4.05

5. 专业能力结构的认知：专业综合能力

对专业能力结构考察的第三个方面是专业综合能力的重要性认知。调查显示，依据得分的高低给予相应的重要性排序，"广告战略能力"位列第一，其次是"广告管理能力"和"广告研究能力"，三者的分值依次是4.40、4.15和4.15（见表8）。

表8 对创新型广告人才具备专业综合能力的重要性的认知

单位:%,分

专业综合能力	非常重要	比较重要	不好说	不太重要	非常不重要	合计	得分
广告战略能力	50	40	10	0	0	100	4.40
广告管理能力	15	85	0	0	0	100	4.15
广告研究能力	35	50	10	5	0	100	4.15

（三）广告从业人员现状评价

1. 广告从业人员现状评价：知识薄弱点

在您认为目前广告从业人员哪方面的知识最薄弱的调查中发现，"营销传播类知识"和"经济管理类知识"均以3.60的得分排在前两位；其次则是"文化类知识"和"策划创意类知识"，两者得分均为3.45；"设计制作类知识"排在最末位（见表9）。

上编 『中国广告创新型教育模式研究』系列调查

表 9　广告从业人员最为薄弱的知识

单位:%，分

薄弱知识	完全不符合	不太符合	不好说	比较符合	非常符合	无回答	合计	得分
营销传播类知识	0	20	15	50	15	0	100	3.60
经济管理类知识	0	10	25	35	25	5	100	3.60
文化类知识	0	15	25	35	20	5	100	3.45
策划创意类知识	5	25	5	25	35	5	100	3.45
设计制作类知识	5	30	20	20	20	5	100	3.05

2. 广告从业人员现状评价：发展障碍

调查数据显示，对目前的广告从业人员来说，其未来发展最主要的障碍在于"通才不通，专才不专"和"情商较低，协作能力和团队意识不强"（得分均为 3.60）；接下来依次是"综合素质较低和文化底蕴不足""专业技能和实践动手能力弱""知识体系过于狭隘""专业理想黯淡，专业精神失落""上手快，而后劲不足"（得分依次为 3.55、3.50、3.45、3.30、3.25）（见表 10）。

表 10　广告人员未来最大的发展障碍

单位:%，分

发展障碍	完全不符合	不太符合	不好说	比较符合	非常符合	无回答	合计	得分
通才不通，专才不专	5	0	40	40	15	0	100	3.60
情商较低，协作能力和团队意识不强	0	10	20	45	20	5	100	3.60
综合素质较低和文化底蕴不足	5	15	5	45	25	5	100	3.55
专业技能和实践动手能力弱	0	10	20	55	10	5	100	3.50
知识体系过于狭隘	5	5	15	40	25	10	100	3.45
专业理想黯淡，专业精神失落	0	15	30	40	10	5	100	3.30
上手快，而后劲不足	5	15	20	45	10	5	100	3.25

3．企业招聘倾向：毕业院系

许多被访者表示在招聘应届毕业生时，青睐于"新闻传播"类院系毕业的学生（频次11）；其次为"美术艺术"类院系毕业的学生（频次8）；最后为"管理经济"和"中文"类院系毕业的学生（频次2）；亦有不少用人单位表示在招聘应届毕生时"无特别倾向"（频次6）（见表11）。

表11　用人单位倾向于招聘的学生所属院系

院系类别	新闻传播	美术艺术	管理经济	中文	其他	无特别倾向
频次	11	8	2	2	0	6

4．企业招聘倾向：学生类型

当用人单位被问及愿意招聘何种类型的应届毕业生时，"复合型"（频次12）和"动手型"（频次8）的应届毕业生最受被访企业的青睐；其次是"专业型"（频次4）、"研究型"（频次2）、"沟通型"（频次1）的应届毕业生；亦有用人单位表示"无特别倾向"（频次2）（见表12）。

表12　用人单位倾向于招聘的学生类型

学生类型	复合型	动手型	专业型	研究型	沟通型	无特别倾向
频次	12	8	4	2	1	2

5．广告从业人员现状：工作内容

调查表明广告专业毕业生日常工作内容排在前三位的分别是"活动策划"（频次16）、"新闻宣传"（频次14）、"媒体选择与投放"（频次11）；其次为"公共关系"（频次7）、"调查分析"（频次7）、"市场销售"（频次6）、战略规划"（频次4）、"行政管理"（频次1），"平面广告及产品目录的设计"（频次1）则排在最后（见表13）。

表13　广告专业毕业生日常工作内容

工作内容	市场销售	活动策划	公共关系	新闻宣传	调查分析	媒体选择与投放	战略规划	行政管理	平面广告及产品目录的设计
频次	6	16	7	14	7	11	4	1	1

6. 广告从业人员能力评价：专业能力

"您对贵公司广告专业毕业人员的专业能力评价"的调查表明，大部分的被访企业认为其公司的广告专业毕业人员专业能力"一般"（频次9）或"较高"（频次7）（见表14）。

表14　广告从业人员专业能力评价

能力评价	很低	较低	一般	较高	很高	无法作出比较	未回答
频次	0	1	9	7	1	1	1

7. 广告从业人员能力评价：综合素质

对广告从业人员综合素质评价的调查结果与专业能力评价有相似之处，大部分被访企业认为广告专业毕业人员的综合素质"一般"（频次11）或"较高"（频次6）（见表15）。

表15　广告从业人员综合素质评价

素质评价	很低	较低	一般	较高	很高	无法作出比较
频次	0	0	11	6	1	2

（四）对创新型广告人才教育体系的期许

1. 企业与高校的广告教育交流现状

对20个有限样本的调查分析表明，15位被访者所在的公司没有和大学院校就广告教育领域进行过合作，仅有3位被访者其所属公司与大学院校就广告教育领域有过合作（见表16）。

表16　企业与大学院校就广告教育领域进行合作情况

合作情况	有	没有	不清楚
频次	3	15	2

2. 对创新型广告人才教育课程设置的期望：理论教学和实践教学比例

为了培养创新型广告人才，被访者认为理论教学和实践教学的比例应在30：70或50：50（两者比例均为25%）；还有人觉得理论教学和实践教学的比例应控制在60：40或20：80（两者比例均为15%）。将认为课程设置实践

中国广告创新型教育模式研究

教学比例大于理论教学比例的百分比相加为55%，认为实践教学比例小于理论教学比例的百分比相加为20%。由此可以看出，被访者认为当实践教学比例大于理论教学时，更有助于培养创新型广告人才（见表17）。

表17　培养创新型广告人才的理论教学和实践教学比例

理论教学与实践教学之比	频次	百分比（%）	有效百分比（%）
30：70	5	25	25
50：50	5	25	25
60：40	3	15	15
20：80	3	15	15
40：60	2	10	10
45：55	1	5	5
70：30	1	5	5
无回答	0	0	
合计	20	100	100

3. 对创新型广告人才教育课程设置的期望：学校教育和业界教育比例

当被问及培养创新型广告人才的学校教育与业界教育比例应为多少比较合适时，30%的被访者认为学校教育和业界教育的比例应持平；也有25%的被访者指出学校教育应占60%，业界教育则为40%；20%的被访者认为学校教育和业界教育的比例控制在40：60更合适。同样将认为学校教育比例小于业界教育比例的百分比相加为25%，认为学校教育比例大于业界教育比例的百分比相加为45%。由此看出，被访者认为当学校教育比例大于业界教育时，更有助于培养创新型广告人才（见表18）。

表18　培养创新型广告人才的学校教育与业界教育比例

学校教育与业界教育之比	频次	百分比（%）	有效百分比（%）
55：45	1	5	5
40：60	4	20	20
60：40	5	25	25
70：30	2	10	10
80：20	1	5	5
50：50	6	30	30

（续上表）

学校教育与业界教育之比	频次	百分比（%）	有效百分比（%）
30：70	1	5	5
无回答	0	0	
总计	20	100	100

4. 对中国高校广告教育的期望

在"您对中国高校的广告教育有何期望"这一开放式问题中，20 位被访者中的 15 位作出了总共 31 条的期望和建议。通过对这些期望和建议进行归纳分析，我们发现了两种代表性的意见。第一种意见认为：中国高校的广告教育应该加强理论与实践的联系。如有被访者表示"给予学生实践操作的机会，理论和实践相结合"，"理论教育应该与实践相结合"等。第二种意见认为：应加强广告人才综合素质的培养。如有被访者表示"从培养综合能力强的学生角度入手，改良教育机制"，"培养复合型的人才，提高学生的综合素质"等。

（1）关于广告教育中理论与实践的关系。

理论是实践经验的总结，广告理论教育是高校广告学专业的立身之本，理应成为广告教育的一项主要内容。但是，广告是实践性很强的一门学科，与市场、社会紧密联系，广告教育不能闭门造车，停留在理论的灌输上，这会导致理论与实践的脱节。虽然很多高校已经认识到广告教育中实践教学的重要性，但目前由于缺乏有实践经验的教师和实践教学的环境，广告实践教学的实际效果不尽如人意。广告实践教育的不足导致了广告专业毕业生实践能力的低下。对广告人才实践能力的失望和不满进而引发了用人单位对中国广告教育制度改革的期冀。

在调查中，被访者以各自的表述方式表达了对中国广告教育理论紧密联系实践的期望："希望能够扩大广告人才的实践机会"，"给予学生实践操作的机会，理论和实践相结合"，"多些实务教育"，"多从实践出发"，"加强实践意识"，"高校要走入市场，不要高高在上光做研究"，"减少理论方面的作业，多给广告专业学生题目让他们锻炼策划能力，教师多对作品作点评，这更有利于学生的成长"，"动手能力强""理论教育应该与实践相结合"。这与理论教学与实践教学的比例应是多少和学校教育与业界教育的比例多少合适所显示的调查结果是一致的。

（2）关于广告教育中专业技能与综合素质的关系。

广告工作具有区别于其他工作的专业特殊性，因此专业技能的训练是十分必要的。但是，广告学是综合性的交叉边缘学科，它从经济学、营销学、管理学、心理学、社会学、文学、艺术、美学等多个学科汲取营养。广告人才的能力结构包括专业基本能力、专业特殊能力、专业综合能力等层次。广告教育仅仅提供广告实务技能的训练是远远不够的，它最多只能培养学生的一项或多项专业特殊能力。而专业基本能力和专业综合能力的培养需要文化底蕴和艺术涵养，需要多门学科的通识教育和思维训练。发展多方面的能力，有助于培养具有较高综合素质的复合型人才。

一位被访者的观点明确地表明了专业技能和综合素质的关系："一个成功的广告策划是广告人综合素质的全面体现，不能只顾主业知识，需全面培养。"其他一些被访者则表达了对具有较高综合素质的复合型人才的期望，如"培养复合型广告人才"，"培养底蕴深厚、知识面广、人际沟通好的复合型人才"，"注重综合素质培养"，"培养复合型的人才，提高学生的综合素质"，"教学内容的范围更广阔一些"，"希望多培养全才"，"从培养综合能力强的学生角度入手，改良教学机制"，"综合能力强"等；或强调了广告专业技能之外的某些方面的素质、能力和知识的培养，如"培养学生的创新能力和独立操作的能力"，"注重文化内涵教育以及艺术熏陶"，"懂得市场营销知识，具备沟通以及写作能力"，"培养有良好沟通能力的人才"等。

三、结语

本次调查从问卷设计到调查完成历时四个月，以广州市为主，调查对象涉及广州、上海、杭州、东莞、太原、郑州6座城市的20家企业，涵盖了食品、制药、电气、机械、材料、通信、计算机、网络服务、咨询、市场调查、地产、贸易、零售13个行业，覆盖了国有、民办、外资、合资等多种性质的企业，包括国际、国内、地区、行业的知名品牌。问卷调查通过上门调查、委托调查以及征询许可后的电子问卷调查等方式进行，选取了质量较高及比较有代表性的20份答卷作为研究样本。本次调查从现今广告教育模式的现状及评价、广告人才专业能力系统、广告人才评价及用人现状以及广告学专业课程体系设置四个方面入手，考察我国现今广告人才供给和需求情况，以期为我国的广告人才教育改革提供参考。

调查结果显示了以下的问题和趋势：

（1）从用人单位的角度来看，中国高校现有的广告教育模式在某种程度上不利于创新型广告人才的培养，但没有出现极好或极差的评价，因而蕴含着向有利的方向发展和转变的潜力。

（2）教学体制、教学观念以及教学方法和手段被认为是妨碍创新型广告人才培养的三个主要因素。宏观层面的制度是广告人才教育的框架，起着根本性的制约作用；教学观念是广告教育的指导理念，指引着广告教育的发展方向；微观层面的教学方法和手段受到教学体制的制约和教学观念的影响，但对广告人才培养的影响最为直接。

（3）对于创新型广告人才，企业最重视的智商和情商分别是"语言智能"和"人际交往的能力"。语言智能包括阅读、写作以及文字沟通的能力。虽然广告的表现形式丰富多彩，但语言仍然是广告的灵魂。广告的各个环节，无论是策划、创作还是提案等，都离不开语言和文字，因此语言智能被认为是创新型广告人才最重要的智能。广告活动需要团队的协作，需要与企业、媒体和消费者沟通，因而人际交往的能力在各项情感能力中最受重视。

（4）在广告人才的专业基本能力、专业特殊能力和专业综合能力中，企业最重视的分别是"创意能力""广告创作能力"和"广告战略能力"。这体现了企业对广告人才的创造性思维和战略性思维的重视，这些能力都不是传统的理论教育能够赋予的，需要以新的教育方式进行积极的引导和培养。

（5）当前广告人才的专业能力和综合素质所获得的评价普遍都不高，其不足在于"营销传播类知识""经济管理类知识"的薄弱，和"通才不通，专才不专"及"情商较低，协作能力和团队意识不强"的缺陷。相较于文学类知识、设计制作类知识、策划创意类知识等专业技术的知识训练，营销传播类知识和经济管理类知识提供的是宏观的战略思维和广告理念。当前的广告人才教育中更注重实务技能的培训，而忽视了宏观思维和理念的培养。

（6）企业作为用人单位在招聘广告工作人员时更倾向于选择来自"新闻传播"和"美术艺术"类院系的应届毕业生，也更倾向于选择"复合型"和"动手型"的应届毕业生。其广告工作人员主要从事活动策划、新闻宣传和媒体选择与投放等工作。这对广告学科的设置、广告人才培养的方向具有启发意义。

（7）企业十分重视广告人才的实践能力，认为实践应与理论并重，甚至认为实践比理论更重要。这可能是中国广告教育长期以来对实践能力的忽视导致的，企业急切地需要实践能力更强的广告人才。

（8）高校与企业的交流不足。调查中仅有15%的企业与大学院校进行过广告教育领域的合作，显示了双方交流互动的缺乏。在企业对创新型广告人才有明确认知的情况下，有45%的被访者在中国高校现有的广告教育模式是否有利于培养创新型广告人才的问题上选择了"不好说"，其原因可能在于对中国高校现有广告教育模式的不了解，这也反映了广告人才的供给方与需求方的脱节。

根据调查结果提出以下建议：

（1）教育改革应循序渐进。首先要认识到中国现有广告教育模式的不足，然后从转变教学观念和改进教学方法入手，逐步改革中国广告教学体制。广告教育的改革不是一蹴而就的，首先应该转变教师和学生的教学观念，认识广告学科的开放性和实践性，不能固守于理论的学习，而应培养对广告理论的批判精神、怀疑精神，在实践中学习，在实践中检验理论。从对微观的教学方法的改进入手，以启发式的教学方式淘汰填鸭式的教学方式，在循序渐进中体现广告教学体制的改革。

（2）优化广告人才能力结构。智商与情商的培养应同样重视，尤其应注重对语言能力和人际交往能力的培养。引导学生进行发散性思考，培养学生的创造性思维能力和战略性思维能力。在进行广告实务技能培训的同时，注重文化素养、艺术素养、沟通能力、思维能力等综合素质的培养。

（3）面向人才需求，完善课程体系。了解用人单位中广告人员工作的主要内容和企业招聘人才的偏好，有的放矢地以市场为导向培养广告人才；在广告实务技能培训的基础上，更要注重广告战略思维的培养，通过营销传播理论和经济管理理论的教育，培养不仅能"做"广告，更能"想"广告的人才。

（4）加强与业界交流，发展实践教学，增强学生实践能力。多与企业联合开展广告教育活动，让企业走进学校，让学生走进企业，在互动中拉近需求和供给的距离，在实践中增强对理论的认识和应用能力。

总之，广告教学体制改革须面向广告人才的市场需求，循序渐进，逐步深入。

下编　"中国广告创新型教育模式研究"系列论文

建构中国广告创新型教育模式的总体思路

——兼谈暨南大学广告学系的尝试与实践

杨先顺

（暨南大学新闻与传播学院广告学系）

摘 要： 高校广告学专业必须应合国际广告教育的发展趋势，结合中国广告业的发展需要，确立新的培养目标；必须建构以创新力为核心的能力系统，并为此改进现有的教学体系，变革传统的教学模式；必须完善知识体系，增强学生的文化底蕴，提高专业竞争力；同时还要建立与优秀广告人才相适应的情商教育机制。

关键词： 广告教育；创新型教育模式；能力系统；知识体系；教学体系

教育学理论认为"教育模式是指在一定教育思想和教育理论指导下，为实现培养目标而建立的较为系统、稳定的组合方式及运行机制，是教育理论和教育实践的统一体"[①]。因此，建构创新型教育模式是一项系统的改革工程，广告学专业创新型教育模式主要包括如下内容：

一、应合国际广告教育的发展趋势，结合中国广告业的发展需要，确立新的培养目标

美国广告业最为发达和完善，其广告教育代表了当今国际广告教育的发展趋势。有学者认为美国广告教育有两个显著特点：一是重视宽广文科背景的综合素质教育，即以文、史、哲、艺、经等学科素养为基础，辅以数、理、计算等理性思维工具的综合素质教育；二是注重对理论素养和分析能力的培养。广告教育不仅要帮助学生准备"最初的职业"（First Job），更重要的是帮助学生准备"最终的职业"（Final Job）。[②] 这种广告教育理念为我们确立新的广告学教育培养目标带来了重要启示。此外，根据我们对国内一些著名广告公司的高级管理层进行的访谈，广告公司对广告学专业的毕业生的要求是：既要上手快，又要后劲足。他们更需要视野开阔、功底扎实、善于策略性思考、富有开拓精神的广告人才。综上所述，我们认为中国广告教育的培养目标应设定为：

---

① 段文美. 关于建立创新教育模式的思考［J］. 山西高等学校社会科学学报，2006（7）.
② 陈月明. 美国高校广告教育［J］. 宁波大学学报（教育科学版），2006（2）.

重在培养学生的创造力以及对消费文化和市场的洞察力，使学生成为具有深厚的文化底蕴、优秀的专业素质和卓越的营销与传播整合力的创新型人才。

二、建构以创新力为核心的广告学专业能力系统，为此需改进现有的教学体系，变革传统的教学模式

我们设想，广告学专业的能力系统包括两个方面：

一是基本的智能结构。1983 年美国哈佛大学教授霍华德·加德纳在《智能的结构》一书中率先提出了多元智能理论，90 年代加德纳又对该理论进行了补充和完善。目前多元智能理论已对各国教育界产生了广泛而深刻的影响。加德纳早先将人类的智能分为七种——语言智能、逻辑—数学智能、空间智能、音乐智能、身体运动智能、人际智能、自我认识智能。[①] 1999 年加德纳在此基础上又增加了三个"候选者"——自然智能、灵性智能和存在智能。[②] 多元智能理论认为教育应该使学生的智能得到协调发展，同时最大限度地发挥学生某一方面或某几个方面的智能优势。

严格来说，加德纳的多元智能理论不尽完美，其分类不免琐碎，有些智能（如人际智能、自我认识智能）被另外一些心理学家归入情商中。根据本文的调查，在能力结构和情商结构中，加德纳构造的智能结构得分最低（见图1），这可能与该智能结构中的多数元素与广告人才培养的关联性不强有关。

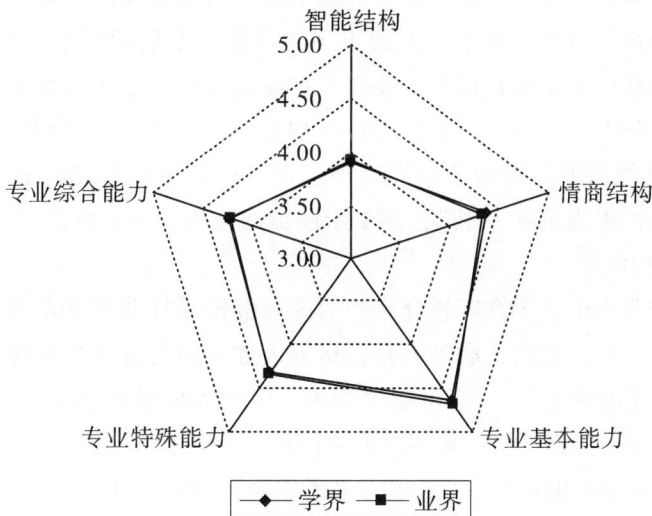

图 1　加德纳构造的智能结构得分

① 加德纳. 多元智能［M］. 沈致隆，译. 北京：新华出版社，1999.

② 张玲. 加德纳多元智能理论对教育的意义到底何在？［J］. 华东师范大学学报（教育科学版），2003（1）.

我们认为人类最基本的智能有三大模块，即语言智能、思维智能和行为智能。语言智能是指使用母语和外语的智能，包括口头表达的口才和书面表达的文采。2001年美国广告教育峰会提出对广告专业学生的期望，"要有扎实的写作能力"和"适当的口头表达能力"被排在前两位①，可见语言智能对广告专业学生的重要性。思维智能是指人的思考问题和解决问题的智能，批判性思维和创造性思维构成了思维智能的两大基石。行为智能是指人的沟通协调和组织管理的智能（见图2）。

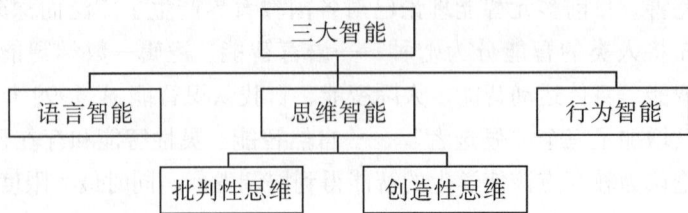

```
              ┌──────────┐
              │  三大智能  │
              └──────────┘
        ┌──────────┼──────────┐
   ┌────────┐  ┌────────┐  ┌────────┐
   │ 语言智能 │  │ 思维智能 │  │ 行为智能 │
   └────────┘  └────────┘  └────────┘
              ┌─────┴─────┐
        ┌──────────┐  ┌──────────┐
        │ 批判性思维 │  │ 创造性思维 │
        └──────────┘  └──────────┘
```

图2　人类最基本的三大智能

在思维智能中，批判性思维（Critical Thinking）是指对认识对象（包括客观事实、信息情报、言论观点、理论知识以及艺术作品等）进行分析、甄别，以判断其是否真实可靠，是否准确无误，有无意义，有无价值。批判性思维提倡的怀疑精神，要求人们遇事多思多想，不迷信书本，不盲从权威；批判性思维强调的是甄别能力，要求人们能拥有明辨是非的头脑。而创造性思维（Creatical Thinking）则是指能够超越固有知识或经验提出新的观点（理论）、新的发现与发明的思维活动。批判性思维与创造性思维是相辅相成的，批判性思维重在"破"，侧重于逻辑的分析；创造性思维重在"立"，侧重于想象力。

1998年发布的世界高等教育大会的主题报告《21世纪的高等教育：展望和行动世界宣言》指出，高等教育在培养人才方面更应使受教育者具有"批判性的和公正的看法"，从而可以"促进、保护和增强社会价值观"，同时还应具有创造力，以使社会文化不断走向进步。② 我们认为，就广告专业高等教育而言，培养学生的批判性思维和创造性思维是他们获得各种专业能力的前提和基础，也是培养其创新能力的重要保证。

二是专业的能力结构。广告学专业学生的能力构成包括三大部分，即专业

① 杨倩.美国大学广告教育现状综述［J］.东南大学学报（哲学社会科学版），2005（A1）.
② 赵婷婷，邬大光.大学批判精神探析［J］.高等教育研究，2002（2）.

基本能力、专业特殊能力和专业综合能力（见图3）。

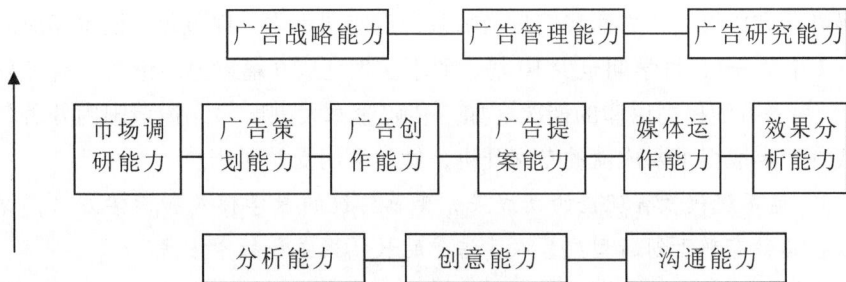

图3　专业的能力结构

为了培养广告学专业学生的能力系统，我们必须改进现有的教学体系，变革传统的教学模式：

1. 以能力结构为主，知识结构为辅，建构科学、合理的广告学课程体系

具体包括：①在大平台教学中，设置一些有利于开发智能的基础课程（如逻辑学、创意思维、演讲与口才、基础写作等）。②调整各门专业必修课的内部结构，增加能力训练和课程实习的比重。③为应合广告人才市场对复合型人才的需求，增设一些具有知识综合性和智能整合性的选修课程。

2. 加强实践教学改革，对学生实习进行整体规划，并设立毕业项目设计这一重要的实践教学环节

首先，对教学实习的整合有以下两个举措：①实践性较强的课程（如广告策划、广告摄影、电视广告、广播广告等）教学实习与理论教学的比例为1∶1。②学生在大学一年级至二年级必须进行一次市场调研实习，二年级下学期暑假至少有一个月时间在广告公司或媒体广告部实习（成绩占整个实习成绩的30%），四年级上学期有四个半月时间在著名广告公司或著名媒体广告部实习（成绩占整个实习成绩的70%）。为确保实习顺利完成，我们在广东著名媒体、广告公司及企业建立20多个实习基地。

其次，毕业项目设计的设立。为培养学生综合运用广告学各种知识和各项技能的实战能力，我们要求毕业班学生进行毕业项目设计（简称毕业设计，原先的毕业论文仍然保留）。具体做法是：将全班分成若干小组，每组6~8人，自己联系广告业务，并安排老师进行指导，毕业设计内容包括市场调研、广告策划、创意表现、媒体策略与投放四大部分，完成后进行预演，再举办毕业设计演示会，由校内外广告学专家当场评定小组成绩，最后由本专业老师根据个人在小组中的表现评定个人成绩。

3. 将学术讲座制度化、课程化，并进一步提高学生的专业水平

学术讲座是对课堂教学的有力补充，可以让学生接触到专业最前沿的课题和最新研究成果。一方面我们将名师系列讲座课程化、规范化，设置相应的学分（2 个学分），每学期至少 10 场，要求学生完成 6 篇以上的论文（含课程论文）；另一方面提高讲座的档次（如"传媒学术大讲坛"），邀请国内外著名学者或在业界取得重要成就的专家开讲，使学生们受益匪浅。

4. 运用现代教育理论的新成果，变革传统的教学模式和教学方法，探索并推行各种有利于创新型广告人才培养的教学模式和教学方法

教学模式是指在一定教学思想指导下所建立的比较典型的、稳定的教学程序或阶段；而教学方法是指教师组织课堂教学所运用的技巧和手法。教学模式本质上是对各种教学方法和教学工具的运用与组合。我们认为，以下几种教学模式和教学方法对于培养广告学专业学生的创新能力具有非同寻常的意义，也是广告专业课堂教学的改革方向：

（1）威廉斯创造性教学模式。

这是由美国学者威廉斯提出来的，又称为认知情感互动教学模式。威廉斯认为在教学过程中，认知的行为和情感的行为对挖掘学生的创造潜能具有重要的作用。威廉斯的创造性教学模式包括三个层面，第一个层面是课程（教材内容）；第二个层面是教师行为（教学策略），包括矛盾法、归因法、类比法等 18 种教学方法；第三个层面是学生的行为，包含了发展学生创造性思维能力的八项行为目标。这八项行为目标分为两大部分，一是认知的行为，包括：①流畅性思维；②变通性思维；③独创性思维；④精密性思维。二是情感的行为，包括：①好奇心；②冒险性；③挑战性；④想象力。① 我们要求本专业老师结合自己所讲授的课程的特点，进行灵活的运用。如广告文案写作、创意思维、平面广告设计、电视广告等课程侧重培养学生的流畅性思维、独创性思维和好奇心、想象力；而市场调研、市场营销、广告策划、广告媒体研究、公共关系等课程则注重培养学生的精密性思维和变通性思维。

（2）杜威的解决问题教学法。

美国实用主义哲学家和教育家杜威认为人类的思考过程可分为五个步骤：①发现困难或问题；②确定问题之所在和问题的性质；③提出各种假设，也就是各种可能的解决方法；④批评核查所提的假设，选择一个合理的假设；⑤假设经试验证实而成立的结论。② 解决问题教学法就是依据上述步骤来设计课堂

---

① 冯克诚，西尔枭. 实用课堂教学模式与方法改革全书［M］. 北京：中央编译出版社，1994.
② 刘舒生. 教学法大全［M］. 北京：经济日报出版社，1990.

教学的，这种教学方法既能训练学生的批判性思维，又能训练学生的创造性思维。目前我们在广告文案写作、创意思维、广告心理学、市场营销、公共关系等课程中尝试运用了这种方法。

（3）批判性思维教学法。

这是近年来在美国较为流行的教学法，它强调师生之间、学生之间、学生与教材之间的多通道联系，平等地交换意见；鼓励学生发现问题、提出问题、分析问题，进而解决问题。① 目前我们在广告文案写作、创意思维、平面广告设计等课程中尝试了这种方法。

（4）模拟提案教学法。

这是我们针对广告专业的特点提出的独特的教学法，包括如下环节：先简要介绍某个品牌的产品，然后将全班同学分为若干创意小组和客户小组（一般是 6 人一组），创意小组负责广告的创作，每个创意小组通过大脑风暴法创作出两三个好的方案，而客户小组则负责从广告客户的角度思考产品的卖点、产品的目标消费者、市场的反应和广告成本等问题。待创意小组完成广告创作之后，就开始向客户小组进行模拟提案，而客户小组则用挑剔的眼光来评价方案的得失。这种教学法的优越性在于可以交替训练学生的批判性思维和创造性思维，同时也可以提高学生的口语表达能力。

（5）思维训练教学法。

此教学法直接针对学生在思维方面的弱点，设计相关问题（如智力测验题）来强化学生的某项思维技能（如逻辑推理能力、发散性思维能力、逆向思维能力）。这种教学法在逻辑学和创意思维等课程中经常运用。

（6）案例教学法。

广告学专业的课程大都具有很强的实用性和操作性，案例教学一直是广告学专业课程的重要教学方法，但案例教学不仅仅是佐证理论或观点的"例子"，它应能培养学生发现问题、分析问题和解决问题的能力，因而若能与问题式学习结合起来，便能收到更好的效果。其主要环节如下：首先，教师要善于寻找一个暗含潜在危机的案例（这与典型的成功案例及典型的失败案例有所不同）；其次，让学生讨论（分成小组讨论）该案例中广告活动存在的问题，并从中发现主要症结；再次，由学生提出初步假设，并对此进行调查研究；最后，提出各人（或各组）的解决方案，并讨论出最优的解决办法。目前暨南大学广告学系的大部分课程采用了案例教学法。

---

① 朱作仁. 创造教育手册［M］. 南宁：广西教育出版社，1991.

（7）项目运作教学法。

即指导学生参与一个真实业务（通常是广告业务）的全过程，在实战中总结经验和教训，加深对理论知识的认识。在暨南大学广告学系的"广告策划""企业形象战略""品牌战略与管理""公共关系学""市场调查与分析""广告文案写作"等课程中均大胆采用了这种教学方法。

如"广告策划"课程每学期组织两次大型策划项目比赛，总结经验，提升水准。引入业界运作中的提案、比稿、回答客户提问等真实环节。在考核方式上，该课程将传统的笔试考核改为"项目实战策划和公开演示"这种方式，注重专业实践能力、团队合作能力、现场应变能力以及创新思维能力的考核。

根据本课题的调查，被访的教师认为"案例教学法"对培养创新型广告人才最有效，选择这种方法有效的比例占了90%以上（"比较有效"为36.5%，"非常有效"为55.6%）。随后分别是"思维训练教学法"（90.4%）、"项目运作教学法"（87.3%）、"批判性思维教学法"（69.8%）、"杜威的解决问题教学法"（63.4%）（见下表）。

培养创新型广告人才的教学法（教师）（样本＝63）

单位:%，分

教学方法	完全无效	不太有效	不好说	比较有效	非常有效	无回答	合计
案例教学法	0	1.6	1.6	36.5	55.6	4.7	100.0
思维训练教学法	0	1.6	4.8	46.0	44.4	3.2	100.0
项目运作教学法	0	0.0	6.3	38.1	49.2	6.4	100.0
批判性思维教学法	0	3.2	20.6	46.0	23.8	6.4	100.0
杜威的解决问题教学法	0	1.6	28.6	44.4	19.0	6.4	100.0
其他方法	0	0.0	3.2	1.6	1.6	93.6	100.0

注：因威廉斯创造性教学模式比较复杂，故未作为问卷的选项。

5. 改变单一、刻板的考试方式，注重对学生的学习进行情景式评估

创新型广告教育必须改变用同一份试卷去考核所有学生的传统考试方式，倡导对学生进行多维的和情景式的评估。这一观念对广告学这样的应用性学科来说显得尤为重要。情景式评估就是将学生置于一定的社会文化背景和市场环境的真实情景中，评价其完成特定任务的表现。这种评估显然比"一纸定终

生"的考试更合理、更有效。我们认为只有全面实施情景式评估，并注重考查学生的平时表现，才能走出"应试教育"的误区。

三、建立以"文化"为基础，以"营销＋传播"为平台，以"策划＋创意"为核心的多层次知识体系，增强学生的文化底蕴，进一步提高学生的专业竞争力

我们提出以"文化"为基础，并非把所有的人文科学或自然科学作为广告学专业学生的公共基础课，而是选择和广告人才素质相关的课程，如文化学、艺术概论、文学鉴赏、消费文化、社会学、心理学、统计学基础等，总的要求是精当合理。以"营销＋传播"为平台，意为把营销类和传播类的课程作为广告学专业学生的专业基础课。众所周知，在新媒体勃兴和全球化的时代背景下，广告活动既是营销，又是传播，所以营销类课程（如市场调研、市场营销学、消费者行为学等）和传播类课程（如传播学、公共关系学、广告媒体研究等）便构成了广告学的专业平台。目前，国内一些高校以某一学院为单位来设计广告学专业大平台课程的做法，恰恰忽视了营销与传播的整合性。以"策划＋创意"为核心，是指以广告策划类课程和广告创意表现类课程为专业主干课程（当然不同学校会有不同的侧重）。

四、建立与优秀广告人才相适应的情商教育机制，培养学生良好的心理素质

广告行业是一个充满激烈竞争的行业，广告人面临巨大的压力和挑战，没有良好的心理素质是难以胜任的。但目前国内高校的广告教育却缺乏相应的情商教育机制，为此，我们必须研究如何建立这种机制，以培养学生的敬业精神、拼搏精神、团队精神、沟通协调力和心理承受力等。

五、探讨开放式办学的新模式，与著名广告公司合作创设专业训练营

2007年6月暨南大学广告学系与广东省广告集团股份有限公司合作，开设暨大·省广"广告兵法"训练营，这是高校广告学专业与广告公司进行联动办学、培养创新型广告人才的一种尝试。开设该训练营的目的在于加强双方在理论教学、职业培训和广告实战方面的互动及深度合作，系统深入地总结国内第一大本土广告集团的广告运作理念与案例，提高在校广告学专业学生的分析能力、创新能力和策划能力。训练营聘请广东省广告集团股份有限公司的相关领导和业务精英为学生开设系列讲座课程，讲座涵盖广告公司广告策划、创意表现、媒介策

略、客户服务等广告运作的环节，并对学生进行实战指导。培训结束后，将从训练营中遴选十多名优秀学生，分别赴广东省广告集团股份有限公司旗下分公司实习，参与重大广告项目的运作的各个环节，全面锻炼其广告整体运作和社会实践能力。

（本文发表于《当代传播》2008年第5期，因字数限制，发表时有精简）

中国广告创新型教育模式研究

广告学专业课程体系的创新与重构

星 亮

（暨南大学新闻与传播学院广告学系）

摘 要： 目前，中国的广告学专业正面临着来自业界需求和理论发展两个方面的压力，这些压力使广告学专业的发展陷入了一种特殊的困境。面对压力和困境，广告学专业亟须进行积极的应对，而课程体系的创新和重构则是其中重要的一环。

关键词： 广告学专业；课程体系；创新；重构

我国当代广告学的专门教育始于 1983 年的厦门大学。"至 2017 年，全国开设广告学本科专业的院校达 323 所"①，有些学校还设立了专门的广告学院。经过 34 年的发展，我国的广告学专业在学科建设、人才培养等方面取得了很大的成绩，为我国的广告业培养了一大批合格的专门人才。在这个过程中，广告学形成了依托商学、设计艺术和新闻传播学而设专业的基本格局，并逐渐形成了基本的学科建设规范，特别是在培养目标、知识结构和课程体系方面，基本形成了一个相对规范而稳定的框架。但是，人们也注意到，随着我国广告业的深入发展，加之近年来相关理论的创新，目前，我国广告学专业的发展正面临着前所未有的压力和挑战。自 2005 年以来，国内召开或举办的一系列有关广告教育的学术会议或论坛，如 2005 年中国传媒大学主办的"大学生广告节教育论坛"、2006 年北京大学举办的"亚洲广告业的创新与广告教育论坛"等，均不约而同地将广告教育和广告专业建设作为会议的主题，说明大家对这种压力和挑战的感受是越来越强烈了，也说明大家正在努力寻找解决之道。对此，有人认为：中国的"广告学专业，需要寻求'破局之路'"②。本文拟就目前中国广告学专业所面临的外部压力，以及由此而造成的学科发展中存在的主要问题进行分析，并在此基础上，提出重构广告学专业课程体系的观点。

---

① 高考志愿填报参考系统。
② 陆斌. 广告教育，正是欣欣向荣时 [J]. 现代广告，2005（9）.

一、重构广告学专业课程体系的必要性

简单来说，目前中国广告学专业课程体系创新与重构的必要性主要来自两个方面的压力：一是业界的压力，二是学术发展的压力。

首先，分析来自业界的压力。业界的压力主要是来自广告行业内部，具体说是来自广告公司业务范围的不断扩大，以及由此所产生的广告公司业务结构和人才需求观念的变化。众所周知，当代中国的广告业，基本上是自改革开放以来，从几乎空白的基础上起步和发展的。在三十多年的时间里，伴随着中国经济的高速增长，中国的广告业经历了从无到有、从小到大的快速增长过程。据中国广告协会公布的统计资料，截至 2006 年底，全国广告行业营业总额达到了 1 573 亿元，广告市场规模仅次于美国、日本和英国，位列全球第四。在中国广告业快速增长的进程中，为适应不断变化的市场需求，广告业自身的观念和结构也在不断地发生着变化。在广告业自身的诸多变化中，黄升民等的研究发现一个值得关注的趋势，就是"企业对广告公司业务类型需求的两极分化趋势上升"[1]，即广告公司的服务范围向"综合化"与"专业化"两个方向发展。而所谓的"专业化"又包含两层含义，一是指业务的专业化，如专业的户外广告公司、专业的广告设计公司等；二是指市场的专业化，即客户服务的专业化，如专门面向电信企业服务的广告公司、专门面向汽车制造企业服务的广告公司等。实际上，后一种公司仅仅是客户的专门化，但在业务上，仍然属于综合服务的范围。而所谓"综合全案类"企业，就是那些为客户提供全业务、全流程服务的企业，其业务不仅包括广告，根据公司具体情况的不同，还包括公共关系、CI、品牌、直效营销等不同类型的业务；而其服务流程，涉及客户沟通、调研、策划、设计、制作、执行、控制等全部过程。以位列 2004 年全国广告公司 100 强中排名第 98 位的广东平成广告公司为例，作为一家"综合全案类"的广告公司，其服务范围涉及品牌、广告、公共关系、包装、促销、整合营销传播、平面设计等 14 种具体业务。[2]

回顾 34 年来国内广告公司的发展之路，不难看出，广告公司在广告业中的地位和影响力，是随着我国广告业的深入发展，一步步建立发展壮大起来的。概括起来讲，广告公司的发展，经历了从单一的制作公司，到提供整体广告服务的综合性广告公司，再到提供多业务服务的所谓"综合全案类"公司的发展过程。

---

[1] 广告主调查专项综合报告. 现代广告, 2003 (1).

[2] http://www.pingcheng.com/archive.html? catid = 1&catid2 = 105&src = 105.

中国广告创新型教育模式研究

作为广告行业结构中的一极，广告公司也从配角变成了主角。在这个过程中，广告公司的业务范围不断扩大，发展到今天，"综合全案类"广告公司的业务范围，实际上大大超出了广告的范畴，而只能用"营销传播"来涵盖了。换言之，今天一些所谓的"综合全案类"广告公司，或许被称为"营销传播公司"更加贴切，并且有些广告公司已经改名为"传播公司"了。20世纪90年代中期以前，如果说中国广告公司的主流仅是那些提供单一广告服务的企业的话，那么，进入21世纪以来，中国广告业正进入以多业务服务为主导的时代。从中国广告协会发布的"2004年度广告公司广告营业额前100名排序"中不难看出，在国内广告营业额位列前100名的广告公司中，属于"综合全案类"的广告公司就有68家，占总数的68%。[①] 这足以说明综合服务型企业在广告行业中所处的重要地位，也足以说明今天我国的一些先进广告公司已经具备了营销传播公司的雏形。此外，近年来随着品牌在整个企业内部重要性的不断增强，以品牌为主导的综合传播服务开始凸显出来，在这种背景下，甚至有人认为"广告公司将成为整体品牌公司"。广告公司业务范围的不断拓宽必然导致其人才需求观念发生相应的变化，即从简单的广告人才到综合性营销传播人才方向的变化。广告公司人才需求观念的变化，对广告学专业在培养目标、知识体系、课程设置等方面提出了新的、更高的要求。

业界压力不仅来自广告行业内部，还来自广告主的现实需要。作为广告业务的最终用户，广告主的需求对广告公司的服务范围有一定的导向，而这种导向作用自然会影响到广告公司的人才需求观念。陈永、黄升民等人的研究表明，自2003年有研究以来，中国广告主在营销传播费用方面的支出一直在发生着微妙的变化。这个变化主要有两点，一是支出结构多元化，即企业的营销传播费用不再局限于广告，而是分散在广告、终端推广、公共关系、中间商推广等多种营销传播方式中；二是传统的广告业务费用在企业全部营销传播费用中所占的比重在持续下降，如2003年，广告费在企业全部营销传播费用中的比例是45.1%，到2004年，下降到44.6%[②]，而到2005年，则大幅度下降到38.9%[③]，2009年以来，广告主媒体广告费用分配比例从38.4%一路下滑至2016年的32.5%。[④] 从过去四年的情况看，广告主更为重视渠道和终端，与此相反，广告主在媒体广告上的投入则不断下滑。配合企业营销传播战略的转变，广告主选择广告公司的标

---

① 本数据由本文作者根据中国广告协会发布的"2004年度广告公司广告营业额前100名排序"统计整理。

② 参见现代广告，2005（1）：36.

③ 参见现代广告，2006（1）：18.

④ 参见现代广告，2016（1）.

准也趋向于综合、多元①。可以认为，广告主的营销传播服务趋向于多元化和整合性，以及广告费在营销传播费用中所占的比例趋于下降，是导致广告公司拓宽服务范围、改变人才需求观念的主要原因之一。从一定意义上来讲，广告主通过其对广告业务需求的改变，间接对广告人才的需求提出一定的要求。此外，出于企业营销传播管理工作的需要，广告主自身也需要一定数量和规格的营销传播人才，其标准也与广告主自身业务的需求相一致。

其次，必须分析学术发展给广告学专业所造成的压力。这种压力主要来自两个方面：一是与广告平行的其他营销传播工具不断创新、丰富和发展所带来的压力，二是营销传播学的创设和发展所带来的压力。首先来看第一种压力：众所周知，作为一门应用学科，传统广告学的研究始于19世纪末，自那以来，广告学一直是作为一门独立的学科在发展，而且在社会实践中，广告也作为一种独立的工作和行业在发展。与广告学独立发展的状况同步，早期的广告学教育也主要是以设立专业的方式来进行专门教育。我国自1983年专业恢复建设以来，广告学专业在教育模式、课程体系的建立和发展等方面也是遵循着这一模式来进行的。这样，到20世纪90年代末，从宏观上来讲，国内的广告学专业基本上形成了一个以广告学核心课程为主干的课程体系。从微观上来看，经过一段时间的摸索之后，主流院校在专业定位、培养目标、培养口径等方面也基本形成了各自的框架。但是，自20世纪90年代以来，随着CI、直效营销、数据库营销、关系营销、品牌营销、网络营销等一系列新知识、新观念的产生和持续引进，刚具雏形的国内广告学专业不得不面对又一次选择，即如何认识和对待这些新知识的问题。是将它们作为一门独立的学科来对待，还是将它们仅仅作为广告学的新知识来看待？如果是前者，它们和广告学之间是一种什么关系？在学术研究和学科建设上如何划分它们之间的范围和界线？这些新的知识是不是可以成为一个独立的专业方向？如果是后者，那广告学的范畴岂不是要大为膨胀？现在的广告学专业的课程体系要不要进行根本性的调整？经过这种根本性的调整之后，广告学专业还是不是严格意义上的广告学专业？这种选择是当前国内广告学专业建设中面临的一个两难问题。在实际操作中，对于这些不断引进的新知识，国内不少院校实际上采取了一种简单的搭积木方式，即在广告学专业的范围内，根据各自对新知识的理解，结合学校的师资情况，有选择地开设一些课程。实际上，这种搭积木的方式，并不是一个合理的解决方案。因为这种方式存在三个主要问题：第一，增加哪些课程，不增加哪些课程，其依据何在？如果任由各院校根据自身的师资情况而"选择性"地增加课程，那么，学科建设的科学性如何体现？第二，即

① 参见现代广告，2006（1）：25.

便各个院校根据自身情况增加课程确属事出有因，也可以用"有自身的专业特色"来搪塞，但是，在各取所需之后，仍还有一些课程被排斥在外，而那些没有被纳入课程体系的专业知识怎么办？专业知识的完整性如何实现？第三，假设"选择性"地增加课程有其一定的合理性，但新增加的课程之间如何协调？新课与老课之间如何协调？这也不是一个简单的问题。上述这些问题，实际上也对目前国内的广告学专业增加了很大的压力。

学术发展的第二个压力，来自营销传播学的产生与发展以及其所倡导的整体传播的营销传播观的发展。营销传播学（Marketing Communications）是20世纪60年代产生于美国的一门学科，在国内多被翻译为"营销沟通"，也有少部分译著以"营销传播"的译名出版。该学科从产生的第一天起，就超越了广告这一强势工具的范畴，将视野扩大到广告、公共关系、人员推广和营业推广等全部促销手段的广度上，研究的基本视点也超越了如何用广告来推销产品的传统领域，提高到如何通过多种营销传播工具的组合，来获得营销传播的"协同效应"。这种从单一工具应用到多种工具组合应用的视点变化，实际上代表了一种整体传播的思想倾向。这一倾向从1965年"营销传播学"的出现开始，到20世纪90年代"整合营销传播学"的产生，再到21世纪以来品牌传播学的兴起，一直都延续着一个核心观念，就是超越单一工具的层面，从企业营销工作的整体高度来看待企业的营销传播活动。这一观念反映在具体操作上，就是从战略高度来进行以品牌为核心的营销传播策划，在工具应用上突破广告独强的限制而强调各种工具的整合运用。从营销传播学到整合营销传播学，再到品牌传播学，这一学术发展进程所折射出的一个清晰脉络，就是越来越强调各种工具的组合、整合和有机融合，也越来越倾向于将营销传播提高到战略高度来研究。可以认为，营销传播学所代表的以组合、整合为核心的先进传播观念，对建立在以广告为中心的单一传播观念基础之上的广告学专业产生了颠覆性的压力。面对这种压力，传统广告学专业不得不面临两种不可调和的选择：一是固守以广告为中心的狭窄圈子，最终被行业的飞速发展和学术的不断进步所抛弃；二是超越广告这一单一工具的藩篱，用营销传播学的观念进行彻底改造，并由此获得新生。

综合以上分析，不难看出，广告业界所发生的这些变化，是非常深刻的本质性变化，它不仅改变了当前广告行业的服务范围与广告公司的业务结构，也对广告学教育的知识系统和课程体系提出了全新的要求，而创新并重构陈旧的课程体系，则是国内广告学专业应对这种变化的必然使命。

二、当前我国广告学专业课程体系存在的根本问题

从理想状态来讲，一个专业的健康发展，是不断调整、不断适应的过程，而其中课程体系的构成，也应当适时地进行创新和调整。对广告学专业在发展中存在的问题，国内学界实际上也一直在关注，其中有较多的观点都涉及课程体系的问题。1990 年在厦门大学召开的全国广告学术研讨会、2000 年在厦门大学召开的广告教育研讨会、2005 年中国传媒大学主办的"大学生广告节教育论坛"、2006 年北京大学举办的"亚洲广告业的创新与广告教育论坛"等，都是这种关注的具体体现。人们通过大会发言、发表文章等形式，对国内的广告学教育和广告学专业建设问题进行讨论、表达看法，这其中，中国传媒大学丁俊杰教授的观点具有代表性。从 2002 年底至 2003 年初，丁俊杰教授连续在《大市场·广告导报》2002 年第 11 期、第 12 期，2003 年第 1 期上发表三篇文章，三谈我国广告教育存在的问题，对广告教育中存在的诸多问题进行了深入剖析。对于广告学专业建设中存在的问题，他认为主要有学科定位不明确、师资力量跟不上、教学设备落后、操作设备能力差、课程设置不科学、教材陈旧等问题。① 此外，关于该校广告学专业 20 年来不断调整培养目标的论述，厦门大学黄合水教授也代表了学界不断探索专业改革、适应社会发展需要的一种努力。②

但是，无论是丁俊杰教授对问题的剖析，还是黄合水教授有关不断调整培养目标的思考，其实都仍然是站在广告学的内部来看待广告学专业的建设问题，并没有触及问题的实质和根本。从更深刻的意义上来讲，当前国内广告学专业建设中存在的核心问题，并不是一般意义上的专业定位问题，也不是简单意义上的课程设置是否合理、教师是否专业、是否重视实习环节等表面问题，而是由于学术视野不够开阔而导致的专业设置过窄的问题。明确来讲，就是当前国内绝大多数院校的广告学专业仍然建立在广告这一单一工具的基础之上，而没有提高到营销传播学的高度来认识。对这其中存在的差别，只有跳出广告学的狭隘范畴，从更广阔的学术背景来观照，才可以深入问题的根本。正如前文所述，无论是从营销传播实践来看，还是从相关理论的发展来看，当前广告教育所面对的基本环境，就是单一广告传播观念的式微和整体传播观念的兴盛。面对基本环境的这种根本性变化，除复旦大学等个别院校有清醒的认识和冷静的应对外，国内多数院校还是没有看到问题的实质。未能认识到问题的实质，也就没有合理的应对措

---

① 丁俊杰．三谈我国广告教育存在的问题［J］．大市场·广告导报，2002（11）．
② 黄合水．厦门大学：调整广告人才培养目标［J］．现代广告，2005（9）．

施，所以，当前我国的广告教育和专业建设实际上出现了与社会实际脱节、与学术发展脱钩的现象，这个问题不仅是通常意义上的学术和实践之间相隔阂的问题，而且是专业教育大大落后于社会实践、大大落后于主流观念的问题。正是这种脱节，才造成了"广告业人才缺乏但广告专业的毕业生并不被业界看重的矛盾情形"①。为此，有必要通过对先进国家广告教育情况的了解来获得必要的启示：与营销传播学的发展相适应，一些先进国家在传统广告学专业的设置上进行了相应的调整，基本的倾向是：专业设置开始突破工具层面的狭窄范围，向更综合的营销传播层面提高。以美国为例，从20世纪80年代开始，就出现了传统广告学"在营销学中寻找根源的倾向，一部分大学甚至把广告学改称为营销传播"②。其中最极致的要属广告学专业鼻祖的美国西北大学，其更是直接设立了"整合营销传播系"。深入考察先进国家的广告教育，就会发现一个对中国广告学界来说难以理解的现象：在美国、英国、日本等广告业发达的国家里，其实并没有与国内广告学专业相同的专业设置。在美国，不少原来设置广告学专业的院校，已经或正在将其改造为"营销传播专业"；在英国，"广告类专业名称很少是单一的'广告'，而是纷纷结合自己的特长或为了强调学科之间的融合性来标明方向，例如'广告与营销管理'……"③ 而日本的情况最为特殊，"大学本科不设广告专业"④。当然，考察先进国家的广告教育，并不是说明国内的广告学专业设置一定要向他们看齐，而是希望通过现象来获得一些启示，这就是：广告教育并不等同于广告学专业，重视广告教育，并不意味着一定要设立广告学专业；或者反过来说，设置广告学专业，其专业视野也不能局限在广告学的狭窄范围内。

通过上述分析不难看出，随着整体传播观念在实践和学术两个方面的同步发展，在广告教育领域，超越单一工具层面进行专业设置和专业改造的趋势越来越明显。因此，如果我们站在这个高度来观照当前我国的广告学专业建设，就会以更宽广的视野来看待其中存在的主要问题。从这种认识出发，我们认为，与行业发展的需求和相关专业知识的丰富发展相比，我国当代广告学专业建设，特别是课程体系的建设方面存在的主要问题，集中表现在学术视野、学科定位、知识体系三个方面。

首先，是在专业建设上学术视野过窄的问题。目前在广告学的专业建设方面，国内绝大多数院校学术视野还基本上局限在广告学的学科范围内，具体表现

---

① 陆斌. 广告教育，正是欣欣向荣时 [J]. 现代广告，2005 (9).
② 申光龙. 整合营销传播战略管理 [M]. 北京：中国物资出版社，2001.
③ 高运锋. 英国大学广告教育模式 [J]. 现代广告，2005 (9).
④ 朱磊. 日本广告教育发展现状 [J]. 现代广告，2005 (9).

下编 『中国广告创新型教育模式研究』系列论文

为把广告学作为专业建设的出发点，站在广告学的狭隘圈子内来搞广告学专业。众所周知，一个专业的建设须以一定的学术宽度和厚度为基础，一般而言，这种学术上的宽度和厚度，要大大超出专业自身的范畴，从更广、更深的领域去寻找根基和营养，专业建设才真正可以立足。可以认为，适当扩大的学术视野，是建设好一个专业的重要基础之一。从这种认识出发来看目前国内广告学专业建设中存在的问题就不难发现，在多种表面问题的背后所反映出来的根本，还是学术视野过窄、基础不够宽厚的问题。专业建设以广告学为基础，缺乏必要的学术宽度和厚度，就难免像浮萍那样漂来荡去，今天以策划为主，明天以创意为主，后天又以管理为主，但始终无法找到可以立足的学术之根，也就始终无法找到真正的"破局之路"。尤其值得关注的是，在广告实践已不再把广告作为唯一工具，而学术发展也强调多种工具整合传播的今天，广告教育所面对的知识系统和技能范围实际上也已经成倍扩大，面对这种环境，如果我们在专业建设上仍然固守以广告为核心的狭隘观念，那问题的实质，就不仅是学术视野过于狭隘，而是专业教育开始与时代发展脱节了。

其次，是学科定位层次过低的问题。专业教育，须立足于一定的学科基础之上，才具备必要的专业基础和学术根基。从学科归属来看，广告学属于传播学的范畴，是应用传播学的一个分支。当然，从理论上来讲，由于这门学科的特殊性，它应当是介于传播学、艺术学和管理学之间的一门综合学科。但实际上，无论是在企业的应用领域，还是在学术研究领域，人们都更愿意把广告学归在传播学或营销传播学的名下。或者如一些美国学者喜欢用的术语那样，属于营销传播的一种"工具"。作为一种营销传播工具，广告对其所进行的专业教育，是不是就必须以自身作为学科定位的依据？答案显然是否定的。一般而言，一个专业的学科定位，须以高一级的学科为基础。如果说以往我们对比广告学高一级的学科认识不清的话，那么，从先进国家的经验来看，自营销传播学产生以来，超越广告学自身的局限，在营销传播学这一高度来重新界定广告学的专业教育，已经或正在成为广告学专业建设的一种基本趋势。总结先进国家的专业建设经验，不难发现：从以广告这一单一营销传播工具为基础，到以营销传播学为基础来进行专业定位，广告学专业的学科基础发生了质的变化，专业定位的层次也从单一工具层面提高到了整体工作层面。这种提高，不但准确反映了广告实践的现实状态，也顺应了学术发展的基本脉络，代表着专业建设的主导方向。需要特别强调的是，在学科定位上，"营销传播"与"广告策划""广告创意"等之间的差别，绝不是定位角度的不同，也不是专业特色的相异，而是定位高度的不同，是学科视野范围的不同，也是对学科基础认识深度的不同。过低的学科定位层次，限定了专业建设的学术视野，以广告学为基础来进行专业定位，既无法顾及广告之外的其他营销传播工具，又不能把眼光提高到整体传播的高度，在专业建设上就必然缺少宽厚的基础和广阔的空间。可以认为，在21世纪，继续从广告这一工具层面来进行专业定位，与20世纪60年代以来强调整体传播的主流思想背道而驰，也大大落后于广告实践，特别是营销传播实践的发展，而且是与"宽口径"的教育思想相背离的。因此，突破以广告学为基础的学科定位限制，将学科定位建立在营销传播学的基础之上，广告学专业才算是真正找准了专业定位的高度，也才算得上有了坚实的学科基础。

最后，是知识体系不合理的问题。知识体系不合理主要表现在知识结构单一和知识面过窄这两个方面。众所周知，一个专业的知识体系，由该专业的课程结构所决定，而课程结构的设置，则取决于专业定位。专业定位上局限于广告学的狭窄范围，就决定了其课程设置也以广告学相关课程为核心，而这些核心课程，则将专业知识框定在广告学的狭小范围内，从而使得知识体系也局限在广告学的狭窄范围内，造成了知识结构单一的局面。有人会认为，广告学专业以广告学知识为基础，构成其知识体系，这有什么问题吗？这正是问题的核心。将广告学专业的知识体系局限于广告学范围内，恰恰是广告学专业建设中存在的重大问题，主要表现在两个方面：①广告本质上是一种营销传播工具，以广告学为核心的知识系统，仅仅是让人们了解这种工具"是什么"，以及"如何操作"这种工具，而无法使人们了解"为何"使用这种工具，以及使用这种工具的条件、环境和要求。换言之，要真正会用、用好广告这种工具，就必须更多地了解广告以外的知识，了解影响和决定使用广告这种工具的其他更多的东西，即是说需要更宽阔的知识体系。②广告仅仅是诸多营销传播工具中的一种，虽然是比较重要的一种，但毕竟不是全部。从企业使用工具的角度来看，企业的营销传播工作不独依靠广告一种工具，而是要根据传播战略和策略的需要，根据具体传播目的和目标的要求，根据企业资源和传播环境的匹配条件，将广告和其他工具整合使用。从这一点来说，专业知识就不能局限在广告这一种工具上，而应当扩大到各种工具的使用范围内。

再来谈知识陈旧的问题。具体来讲，是新知识的补充和更新太慢，无法适应现实的需要。像广告学这样一门强调贴近实践的学科和专业，知识创新和更新的速度很快，尤其是在知识经济时代，相关观念和理论的发展更是一日千里，新的观念不断出现、新的理论不断产生，这就要求我们的学术研究和专业教育有一种快速反应的能力。但是，在这个方面，国内广告学界和广告学教育的实际表现并不那么令人满意。存在的主要问题有：一是知识系统陈旧，核心知识依然局限在策划、调研、设计、制作等传统广告学的狭窄范畴内，而营销传播、营销传播管理、营销传播战略、整合营销传播、品牌战略、品牌管理、品牌传播等新知识虽被接受，但还远未进入核心知识的范围。二是新知识的补充太慢。举例来说，整合营销传播是发端于20世纪80年代末并于90年代初兴起的一门学科，经过二十多年的发展，目前在先进国家已经进入了反思和完善的阶段。反观国内，与业界的热络景象相比，学界对整合营销传播的态度则显得十分踟蹰。这种尴尬局面背后所反映出来的，还是学科视野过窄、专业定位层次过低的问题。因为眼光局限在广告的狭窄范围内，就难免在如何把这些新知识纳入现有知识体系的过程中出现犹豫不决、不知如何应对的状况。但是，如果能从营销传播学的高度来考虑，这种犹豫和尴尬就完全可以突破，因为，无论这些新知识如何发展，都仍然在营销传播学的范畴之内。

简而言之，传统广告学专业所面临的主要问题是：如果固守传统广告学的狭隘范围，就无法满足环境变化对人才和知识提出的新的要求；但如果为了适应业界的需求而扩大知识范围，则大大突破了传统广告学的范畴，广告学将不再是传统意义上的广告学了。我们认为，面对这种局面，与其固守传统学术领域苟活，不如大胆突破狭隘的广告学思维，以营销传播学理论为基础，对广告学专业进行彻底变革，才是冲破压力、获得发展的根本良方。也只有如此，广告学专业才能真正找到所谓的"破局之路"。

三、广告学专业课程体系的创新与重构

基于上述分析，我们认为，鉴于目前国内广告学专业课程体系中存在的主要问题，我们应当对其进行创新，而创新的基本思路，就是以营销传播学为基础，从扩大专业视野、拓宽培养口径、扩充知识系统、调整课程结构等方面进行。之所以以营销传播学作为课程体系创新的基础，主要是基于如下认识：

首先，课程体系的创新，需要转变学科建设观念，并通过学科建设观念的转变来扩大专业建设的学术视野，而其中的核心则是突破广告学的狭隘范畴，将"广告学（专业）建立在营销传播学的理论体系之上来发展"[①]，由此获得更加广阔的专业建设视野和更大的专业发展空间。这种转变将会使广告学专业的建设与社会实践的衔接更加紧密一些，也更符合学术发展的需要。

其次，课程体系的创新，需拓宽培养口径。"厚基础、宽口径"历来是我国本科教育的基本思想。但就具体专业来讲，其基础是什么，其口径应宽到何种程度既不能一概而论，也不能过于随意。具体对广告学而言，其基础在传播学；而其口径之宽，也应在营销传播学的范畴之内。换言之，对广告学专业的培养目

---

① 程士安.复旦大学：找准学科专业定位［J］.现代广告，2005（9）.

标，应当从培养"广告管理、广告策划、广告创意"人才，拓宽到培养"营销传播管理、营销传播策划和创意管理"人才的高度来认识。

最后，课程体系的创新，需要扩充知识系统。知识系统的扩充，主要需要突破以广告为中心的知识体系，而代之以营销传播为中心的知识体系。即在专业知识的构成方面，进一步扩大营销知识的比重，扩充营销传播工具知识的范围，形成一种营销和传播相对均衡的知识结构。

在上述认识的基础上，我们认为，广告学专业在课程建设方面，必须进行课程体系的重构。这里所说的课程体系的重构，不是指修补式的"微调"，而是对整个广告学专业课程系统的再造，其核心是以营销传播学为基础，通过课程结构调整来重新搭建广告学专业的课程体系，从而使新的课程体系满足培养具有综合策划和创意管理能力的新广告人的现实需要。具体来说，可以从以下两个方面来进行：

第一，在专业基础课方面，确立"营销传播学"和"市场营销学"的核心课程地位，适当增加"人际传播学""组织传播学""营销传播史""创意经济学""媒体经济学"等课程，以拓宽学生的知识面。与此同时，应大幅度减少设计基础方面的课程，将设计人才的培养交还给艺术设计院校。

第二，在专业课方面，分三个板块重新组织课程构成：

一是有关营销传播对象的课程，核心是更加重视对营销传播对象的研究。课程设置上，除保留"消费者心理与行为"外，增加"客户关系管理"和"投资者关系管理"两门课程。

二是有关营销传播工具的课程，其核心是扩大营销传播工具的范围。除保留原有的"广告原理与实务"和"营销公关原理与实务"两门工具课程外，应适当增加其他营销传播工具的课程，如"推销实务""促销活动策划""直效营销实务""CIS""品牌管理学""营销数据库的建设与应用"等。这部分课程可分别设置，也可部分合并设置。

三是有关营销传播活动的课程，在保留"市场调查原理与实务""媒介策略与投资"等的基础上，增加"整合营销传播""品牌传播策划""事件营销策划""创意管理""媒介策略与投资""B to B传播""跨文化传播""项目管理""营销传播效果测评方法与应用"等课程。同时，应当减少各门类、各种类广告作品创作和制作的课程，如"广告策划""平面广告设计""电视广告制作""广播广告制作"等课程，而将重点置于整体营销策划、创意管理和媒体投放策略方面。

【参考文献】

[1] 郭鉴．营销传播学［M］．杭州：浙江大学出版社，2004．

[2] 申光龙．整合营销传播战略管理［M］．北京：中国物资出版社，2001．

[3] 宝利嘉．营销沟通：从企业打出到客户打入［M］．方海萍，魏清江，等译．北京：中国经济出版社，2003．

[4] P.R. 史密斯，乔纳森·泰勒．市场营销传播方法与技巧［M］．方海萍，魏清江，等译．北京：电子工业出版社，2003．

[5] 吉姆·布莱思．营销传播精要［M］．王慧敏，陈雪松，译．北京：电子工业出版社，2003．

中国广告创新型教育模式研究

新型学科背景下广告学专业的核心课程体系探讨

李 苗

（暨南大学新闻与传播学院广告学系）

摘 要： 随着社会经济的快速发展，广告学已经由传统的广告应用学体系提升为营销传播学体系。进入这一层面，广告学科亟须建立一套新型的营销传播理论和应用知识体系，本文拟以此为出发点，研讨新型广告学的核心课程体系。

关键词： 新型广告学科；营销传播；核心知识体系

近十年来，作为营销信息传播服务行业，广告与社会经济发展高度同步，从产业架构到服务内涵，都发生了革命性变化，产业升级和服务转型明显。与之相应，经过三十多年的发展，中国高等院校广告学专业教育也已成为中国广告产业发展环节中至关重要的一环，成为中国高等教育事业中的应用学科和社会需求的热门专业，学科地位日益突出。然而，客观衡量广告学专业的学科实力，在学科发展与学科体系的建设上，尚显不成熟、不稳定，始终未能进入一个理想的学科层面，因而其专业核心知识与方法体系的建立，至今未能很好地解决。本文尝试解析广告学专业学科特质，探讨广告学专业学科的独立性和广告学专业学科课程建设的途径。

一、广告学专业的学科知识体系核心

市场营销信息调研、媒介传播策略确定与广告内容的创意表现，是广告学专业的学科知识体系要解决的核心问题。营销传播方法的创新、广告媒体的研发创新、传播策略的创新，这些创新力的教育和培养，将成为现时和未来广告—营销传播学科的核心教育理念和指导思想。

《光明日报》曾在 2002 年 6 月邀请我国部分著名的哲学社会科学专家讨论学科发展与学科制度建设问题。关于学科，中国社会科学院哲学研究所研究员金吾伦认为："要创立一门学科，必须符合一定的条件：一是要有自己的概念、范畴和基本假定；二是能逐渐形成学科共同体。"北京大学哲学系教授吴国盛指出：

"一个学科之成为一个学科，就在于它有自己独特的范式。"① 正确理解两位权威学者对"学科"的界定，应当是将学科定义为"相对独立的知识体系"。

1983 年当厦门大学设立中国大陆首个广告学专业时，国家教委没有这些新兴学科的分类学科指导。教育界对广告的认识是肤浅的甚至是有偏差的，更罔谈成为一门独立的学科。直到 1997 年国家教委颁布《授予博士、硕士学位和培养研究生的学科、专业目录》，才正式在新闻传播学大类下增加了广告学专业。

按照传统教育模式设置广告学专业，使得广告学专业具有了很强的学科依附性。在广告学自身的学科体系尚未完全建立之前，由新闻媒体主宰广告的时代，广告学专业依附于新闻传播学科，学生主要在一些新闻传播类的基础性课程方面得到滋养，文学、艺术、哲学、社会学、传播学、公共关系、写作、新闻媒介等新闻人文的基础知识和基本技能对广告学科的学生而言无疑是十分重要的，也是一个不能逾越的必然过程。但是也正因为这强烈的依附关系，长期以来学科的独立性、差异性难以从传统学科的课程体系中养成，也少有人做深入的广告学科自身规律的研究。在依附关系上，设置在商经类和美术设计类的广告学专业，也面临同样的问题。十几年的广告实践和广告教育快速发展轨迹表明，"到 2003年，全国开设有广告学专业的院校达 210 多所，广告学专业的学科背景类型根据不同的社会需求、专业需求、市场需求，呈现出多元化趋势，除设置在新闻传播类院系之外，其他依次分布在经济管理、文法与艺术类院系。由于依托的学科背景不同，培养学生方向不同，我国广告学专业逐渐形成了新闻传播型、商业经贸型和美术设计型三种办学模式"②。

广告学专业是中国高等院校学科发展最快的新兴学科之一。虽然在学科发展过程中，广告学既受到传统学科的制约，又出现专业定位不清晰和专业课程涵盖过泛的问题，但仍然形成了学科的基本发展模式。上述三种类型的办学模式，事实上已经涵盖广告学科的三个基因，即营销信息、传播策略与创意表现，广告学科是研究三者整合传播的学问。在广告学科的三个基因中，动态性、变化性和求新性是它们的共同特征，因此广告学的学科特色就在于探讨三个基因的规律和特点及三个基因的解决之道。一个典型案例就是电通的人才培养模式：日本电通由一家广告公司发展成为世界上最强的情报传播集团之一，其对员工的基本要求概括起来就是 2C 和 2P，即沟通能力（Communication）和创造力（Creative），企划能力（Planning）和生产能力（Produce）。电通的人才需求目标事实上就是广告学科的培养目标。从具有代表性的电通这样的专业传播集团的人才要求，就能

① 陆斌. 广告教育，正是欣欣向荣时［J］. 现代广告，2005（9）.
② 廖秉宜. 中国广告教育二十年发展的瓶颈与突破［J］. 中国广告，2004（3）.

中国广告创新型教育模式研究

看到创新能力、企划能力、沟通能力和完成作品的能力正是广告人才所要具备的基本能力。

二、广告学科知识体系中呈现的普遍问题——知识的泛而不专

目前广告学科突出的问题，一是依附性影响到广告学科按自身规律发展。广告学科本身的知识体系既独立又交叉，而且这一特征日趋明显。如果再继续依附于新闻类、商经类和美术类的传统学科，以其学科基础课程作为基础，势必影响到广告学科按照自身规律健康发展。二是由于广告传播的交叉性，其与整个社会学科的关联性越来越突出，很多学校在设置课程时，一方面沿用自身传统学科基础，另一方面对"通识、综合素养"的理解有失偏颇，因而唯恐知识面不够宽泛，不断扩大学科的外延口径，形成了"广告就是营销""广告就是管理""广告就是传播""广告就是文化""广告就是策划""广告就是设计"等课程设置的指导思想。于是只要是相关联的学科，其主干课都"以广告的名义"塞进课堂，学科内容越来越庞杂，其本质的核心学科特质反而被湮没稀释、被边缘化，造成广告学科杂而无主次，多而不能承受之重，专业性强的课反而被砍掉，言之凿凿曰不能让高校成为职业培训学校。三是多数院校的课程设置和教学处于封闭状态，学科的课程设置不能与时俱进，不能随时按照社会发展需求开发创新。如某高校"在注重广告专业技能训练的同时，借助其文学、艺术、教育学、心理学和广播电视编导等学科的优势，在广告学本科生课程中开设像中国文化通论、中国文学经典、外国文学经典、流行文化专题、中国当代社会问题分析、中国当代文化批判、当代影视文化专题、媒介调查与统计、电视节目制作、艺术概论、美术基础、西方艺术哲学、中外绘画欣赏、中国戏曲艺术等必修或选修课程"①，如此设置广告专业课程，看似能使学生在大学期间建立合理的知识结构，但是仔细分析，却发现能真正体现广告学科的创新课程，对专业能力进行培养的课程却难以寻觅，看不出广告的专业性和广告的学科精髓。在一些传统学科强的学校，大量的传统文化类的课程充斥在广告专业的课程体系中，这种以培养全能型、复合型人才的说辞，来掩盖专业教育能力不足的现象，在中国广告教育界普遍存在，这是十分有害的，直接导致大家以为广告是没有专业性的。

---

① 丁俊杰，董立津. 中国广告业生存及发展模式研究——2003 年全国广告学术研讨会论文集萃[C]. 北京：中国工商出版社，2004.

三、广告学科核心知识体系的依据

人才培养目标和社会需求，是应用型专业学科知识体系的基础。广告业的发展和社会专业人才需求的变化，对广告学科的知识体系提出了更高的要求，即在相关学科背景的基础上，着重培养学生专业分析问题和解决问题的能力。

（1）广告学专业细分特征日趋明显。从跨国广告公司更名的现象可以发现其经营性质已经从单纯的综合代理到进行职能分解的趋势，在集团品牌下，为不同职能公司服务，标志着广告业的不断升级；在整合资源的前提下，其交叉性、独立性、专业性特征越来越明显。但是产业的细分，是建立在一系列专业人才的整合之上的，而非某个专业的包打天下。

（2）现实社会对专业人才的需求越来越高。广告学的专业优势在于能够通过专业的服务，帮助广告主传达信息，为消费者提供消费资讯，是商品与销售的桥梁。一句话，就是专业的沟通与传播能力。广告学的专才优势在于：懂得市场，懂得与消费者沟通的渠道、语言、信息和符号及其应用方法。对于广告学科来说，营销传播是广告的目的，专业解决的是完成这一目标的方法和途径。如何设计出具说服力、有效果的传播行为和传播产品。面对复杂的传播环境，广告学对学生的培养目标要求也更加高，核心是创新能力、传播能力和整合能力。

（3）据 2005 年第 9 期《现代广告》介绍的其他国家的广告学科的课程设置，不难发现，不论这几个国家的教学体制、学科设置多么不同，广告专业的基础理论和应用性技能课都体现出很强的专业特色。德国大学、英国大学都有基础教育与主体教育课程体系。而每个部分都有相应的理论与技能结合的课程设置。英国学校是纵深发展，一年级学习的是原理和基础课程；二年级学习的是拓展性课程；三年级学习的是综合性课程。这样的课程设置，可以根据学生学识的积累循序渐进，能够在扎实的基础上，培养学生将知识转化为能力的本领。而德国的课程体系基础与专业的学习更是紧扣广告专业和社会发展趋势，将课程设置得更加细分化。从英、德的学校课程设置来看，基础理论与实际应用并不矛盾，人文课程少而精，专业课程设置根据专业方向的不同，体现出很强的专业特色。这些正是国内广告学科在专业课程设置上所欠缺的。充分体现广告学科的独特性，并且在课程设置上按照广告规律和培养目标发展的，所取得的学科进步就越明显。在国内，也有像中国传媒大学这样的专业指向很强的大学，能够以媒体、市场、传播作为核心的知识体系，并在此基础上提高学科的专业研究层次，形成本科、硕士、博士三个梯队理想的学科发展模式。分析国内外广告学科的发展现实，可以得出一个结论，那就是"专业就是力量"。对于中国 210 多所设立广告学专业

中国广告创新型教育模式研究

的学校来说，打破传统学科对专业的束缚，确立目标，重新设置广告学专业核心知识体系，就显得十分重要。

四、广告学专业学科核心知识体系的重新确立和学科层次架构

如何在复杂交错的广告学科外延中，厘清广告与其他学科的关系，抽取出广告学科的核心，如何产生学科的不可替代性，对课程设置与教学实践安排起着决定性的指导作用。如果找不到广告回家的路，广告学科就失去了存在的意义和价值。

（一）设置独立的开放的课程体系的框架

广告学科的核心知识体系包含三个子系统，一是人文基本素养与专业观念系统；二是专业技术学习系统；三是能力培养系统。

1. 人文基本素养与专业观念系统：旨在培养专业观念养育与综合素质

广告专业特别强调创新能力、传播能力和整合能力。在基础课阶段，考虑到交叉综合学科自身课程的繁复，可以少而精地设置"文化学""消费行为与消费心理""心理学""社会发展史""哲学""艺术概论"等人文素养课程，同时设置更多选修课程或专题讲座，类似"生活与消费""流行与文化""流行与传播""影视、动漫艺术欣赏"等，在学校交流、学科交流的开放环境下，鼓励学生多听讲座，走出校门到社会去感受生活、感受消费、感受流行。在专业观念的培养方面，以广告的背景学科知识为主体，以"市场营销学""广告概论""广告史""传播与媒介""设计基础"等专业基础课为主体。

2. 专业技术学习系统：一定要强调专业技能的训练

面对国内急切的市场需求和激烈的广告市场竞争现状，高等教育一定要面对现实。在90%的广告公司、各类生产企业乃至媒介，都处于生存和发展的奋斗阶段，无暇也无力承担培训员工的责任。社会职业培训状况也不容乐观。广告学专业的职业能力只能尽量在大学阶段培养。四年大学本科教育，如果学科课程安排得科学合理，师资专业、职业技能理应在专业技术学习系统里得到解决。当然这就对教师提出更高的要求，不但要有理论，而且要有实践经验。根据国家的人才要求标准，大学就是要培养有知识、有能力、有素质的专业人才。如果四年培养出来的学生缺乏基本的专业技能，只能是国家教育资源的浪费。

广告学从不同的学科背景脱胎出来，势必带来不同的能力侧重。经济学科背景的，侧重广告调查与数据分析的能力，有"广告策略与营销策略""广告策划""整合营销传播""品牌策略""客户服务与管理"等专业能力课程。传播

学科背景的，则侧重于"基础写作""广告创意与表现""广告媒体研究""广告文案""广告策划""整合营销传播""品牌与传播""影视媒体广告""平面媒体广告""客户服务与管理"等课程。设计学科背景的，则会设置"构成""色彩""计算机辅助图形设计""艺术与设计史""动画设计""设计技术""印刷""设计材料"等基础专业课程。专业技术课应该采取多项性和开放性的设课机制，实施专业技术课程的细分化，允许学生根据兴趣自主选择专业技能课程。专业技术课需要与时俱进，根据社会需求随时更新并及时调整，且通过几方面的学习，学生能够交叉融通，综合吸收，使自己专业侧重方向明确，技能全面。如果师资与课程分配足够，仅"广告媒介研究"一门课，就可按照广告媒体应用类别，将课程拆分成细分的多个广告媒体研究，更加专业、更加深入地研究，培养出更为专业的媒介人才。

3. 能力培养系统

这个系统是通过课程、实践和各种学习，培养学生的沟通、协作、分析、表达（语言与文字）等综合能力。

教育要为社会实践服务，首先必须跟上社会进步的步伐。广告学科不同于其他传统学科，作为前沿性学科，其知识体系必须是先进的、科学的、专业的和开放的。要努力保持学科的独立性，面向未来，为中国的广告业培养具有创新意识的专业人才。

总之，除了设置框架主干课程，还应充分开设选修课，学分上不封顶，根据市场需要，新增选修科目；教师不齐的课程，以讲座形式开出。在专业能力的基础上，着重培养学生的创新能力、沟通能力、写作能力、协作能力、综合分析能力。这些能力其实体现出的就是一个人的综合素养，可以通过课堂训练，也可以通过项目执行进行培养。

（二）加强广告学研究生的培养，提升学科层次

有舆论认为，广告学科没有必要培养硕士研究生和博士研究生。的确，今天国内的传统广告业的企业规模小、技术含量低，没有必要也没有实力聚合高级人才。再者，广告高级人才培养的历史只有短短的几年，无论从人气层还是专业层都离企业的高级人才要求甚远。研究生毕业找工作不轻松也是事实。

然而，现实告诉我们，缺乏高层研究型专业人才，已经成为企业难以提升的最大障碍。今后中国将成为国际性的广告竞争市场，对高级专业人才的争夺势必成为趋势。相关资料显示，中国大陆广告服务业人才状况是：截至 2003 年，广告行业的就业总人数为 80 多万人，受过正规广告学专业教育的人员不足 2%；而根据美国广告行业协会对其国内广告公司人员的抽样调查，75% 以上是本科生

和硕士研究生。在全国广告业，经过专业培养的普通大学生尚且不足2%，高层研究型人才更是凤毛麟角，这一方面说明广告业还没有形成对专业人才足够的吸引力；另一方面也表明，广告业也急需高层的专业研究人才的加入，以提升整体广告行业的产业竞争力。目前广告业对国家经济做出的贡献，与其行业人才在社会的应有地位是不相称的。

此外，作为广告人才摇篮，高等院校也非常缺乏研究型人才。不论业界、教育界，所面临的困难实在太多，需要研究解决的问题汗牛充栋。不是人才多得没处去，而是企业、学校需要提供更多空间，聚合更多高层的专业人士来研究问题，寻求解决问题的方法。现在一些新兴产业将研究中心放在企业里，就是依靠高级研究人员进行论证研发，直接将研究成果转化为产品或形成问题的解决方案。这样的模式新闻媒介和有实力的跨国传播公司已经在进行实践了。

考虑到两年制和专业转轨学生的需要，可以将现有传播学、管理学和商学的理论课程列为主体课程。设置硕士或博士研究生课程有"广告效果研究""广告媒介研究""消费行为与消费心理研究""营销传播战略与方法研究""品牌战略研究""新媒介开发研究""项目申报与课题开发""客户关系管理研究""国际广告研究"等。

广告学博士研究生的培养目标：广告传播战略的专题研究；课题项目的主持与管理；解决战略问题、管理问题和进行研发（营销方法的理论整理、新媒体开发的调研，参与实施；整合力量，组织和管理营销传播内容的开发与创新）以及广告发展史研究等。

总之，广告学科核心知识体系的建构，需要考虑的是三个系统和三个层面的培养目标的要求，同时也要考虑未来社会需求。有一个长远的规划才能保持广告学的学科特色，提高广告学的学术地位，保障广告学科人才和市场的可持续发展。

五、结语

广告学科核心知识体系的研究结果，是想证明广告学专业有其自身规律和特色的，也是有生命力的。学科培养人才的目标，最主要的是培养学生能够将知识转化为能力，培养实战和创新的人才。如果还是依附于其他成熟学科，而不认真挖掘本学科核心特质，不仅不利于培养具有广告学专业特色的人才，反而会带来本学科被其他专业取代的危机，这对新兴广告学科的生存发展有害无利。因此，必须坚持走自身学科发展的道路，加强专业学科之间的沟通，加强与业界的沟通；提高广告学的学术地位，保障广告学科人才和市场的可持续发展。

创新实践教学

——广告学系毕业设计的理论依据和实践特色

杨先顺　王天权

（暨南大学新闻与传播学院广告学系）

摘　要： 广告学系毕业设计是高校广告教育实践教学创新的重要举措，其理论依据在于：社会对高校毕业生的要求已发生根本性的变化，当代学习模式正发生深刻的变革。毕业设计具有很强的综合性、情景性和激励性，它对学生的知识与能力、智商与情商、规范意识与创新精神进行了一次全方位的历练与提升。

关键词： 实践教学；广告学；毕业设计；学习模式；情境认知与学习；投入学习理论

2002 年暨南大学新闻与传播学院广告学系借鉴世界发达国家的广告教育理念和经验，结合应用学科专业特色，以培养社会亟须人才为导向，探索符合教学规律、培养优秀专业人才的创新之路，增设了广告学毕业设计这一重要的实践教学环节，并将其融入四年一体化人才培养方案之中。这一举措得到师生和业界专家的高度认同，被证明是一种行之有效的新型实践教学模式。

一、毕业设计的理论依据

毕业设计的增设是实践教学改革的大胆尝试，它源于对变化的中国高等教育变革的体察。

1. 社会对高校毕业生的要求已发生根本性的变化

社会发展的要求是推动大学革新的根本动力。从 20 世纪 90 年代初开始，中国社会对大学人才的需求逐渐从政府主导向市场主导转变。而新兴的市场力量，高度关注人才的可用性，对人才的要求是"即用即任"。在高度市场化的广告学专业领域，这一要求表现得尤其突出。广告公司对广告学专业的毕业生的要求是：既要上手快，又要后劲足。他们需要有开阔的视野、扎实的功底、娴熟的实操能力和创新精神的广告人才。市场对人才的要求已超越传统大学的定位，因而变革传统人才培养模式已成为我国高等教育必须面对的课题。作为应用性和专业性很强的广告学，高等教育更应该率先迎接市场的挑战、应合社会的需求。而广告学毕业设计就是适应广告人才市场需求、培养广告学系学生专业技能、锤炼其

中国广告创新型教育模式研究

实际操作能力的重要途径。

2. 当代学习模式正在发生深刻的变革

传统大学教育以个人知识的传授与积累为核心，突出个人天才，强调知识的完备性。今天，随着大众传播技术的发展，知识的传授与传播走向普及化，人们获取知识的方式快捷便利。知识不再是某些特权阶层用漫长的岁月去累积的昂贵而奢侈的专属品。

现代技术为知识的获取提供新的路径。这就要求人才的培养必须从以知识积累为中心转向以社会应用能力为中心上来。特别是广告学之类的应用型新学科必须走在变革的前列。

通过横向知识检索，我们发现，西方教育心理学家和人类学家提出的情境认知与学习理论和投入学习理论，从教育理论的高度为实践教学提供了解决的思路。

20 世纪 90 年代，西方学习理论出现一种新的研究取向：情境认知与学习理论（Situated Cognition and Learning）。这是继广为流传的行为主义"刺激—反应"学习理论和认知心理学"信息加工"学习理论后，西方学习理论研究的重要流派。

1989 年，布朗（J. S. Brown）、科林斯（A. Collins）和杜吉德（P. Duguid）在《教育研究者》杂志上发表论文《情境认知与学习文化》，较为系统地阐述了情境认知与学习理论。1993 年，美国权威杂志《教育技术》开设专栏，对情境认知与学习理论进行探讨。1996 年，麦克莱（H. Mclellan）将讨论的论文结集为《情境学习的观点》出版。情境认知与学习理论研究获得阶段性成果，理论体系日渐完善。

情境认知与学习理论认为，认知过程的本质是由情境决定的，情境是一切认知活动的基础。知识是个人与社会或物理环境之间互动的产物。学习不仅仅是获得事实性知识，而且将学习置于知识产生的物理或社会情境中，学习者在文化实践场中进行学习。[①]

在教学模式设计上，情境认知与学习理论对教学提出如下要求：①提供真实或逼真的境遇以反映知识在真实生活中的应用方式；②提供真实或逼真的活动；③提供接近专家以及对其工作过程进行观察和模拟的机会；④在学习中，为学习者扮演多重角色、产生多种观点提供机会；⑤构建学习共同体和实践共同体支撑知识的社会协作建构；⑥为学生提供必要的指导和搭建"脚手架"；⑦促进学生对学习过程的反思，从中汲取经验和默会知识；⑧使缄默知识转变为明确知

---

① 王文静. 情境认知与学习理论研究述评［J］. 全球教育展望，2002（1）.

识；⑨提供对学生学习真实而全面的评价等。①

投入学习理论（Engagement Theory）由美国远程教育专家凯斯利提出，强调学生能够借助计算机、互联网等现代技术从事复杂而深奥的学习，其理论框架包括三个核心成分：相处（Relate）、创造（Create）与贡献（Donate）。

"相处"成分，指学生组成团队，以不同的形式，通过交流合作来解决问题。这一过程中，教师需要指导学生，提供合作学习所需技能、技巧，在学生进行合作学习过程中扮演促进角色（Facilitative Role）。

"创造"成分，即"项目取向学习"（Project-oriented Learning），要求学生主动确定项目或问题领域，通过团队合作，发挥每一个成员的知识储备与创造性来完成项目。教师提供项目的评估标准，帮助学生组建更为互补的团队。②

"贡献"成分，强调学生所做的项目不是虚拟的，必须有一个"真实的关注"，是现实客户面临的需要实在解决的迫切问题。

三者相结合，成为投入学习理论教学与遵循的基础原则。学习者因全身心投入，使学习具有创造性、真实性与意义性。

广告学系毕业设计恰恰与上述理论不谋而合，它的"合法性"受到上述理论的有力支持，它的设立与完善需要上述理论的宏观指导。毕业设计要求学生为特定市场环境和特定消费文化背景下的特定客户的特定产品进行系统的广告策划与创意设计，其实质就是为学生的学习提供施展其才华的特定"情境"，达到"学以致用"的目的，这与情境认知与学习理论完全相吻合。毕业设计要求在教师指导下组成若干有效率的团队，团队内部成员相互合作、主动创造，为客户所面临的营销与传播难题出谋划策，贡献智慧，这恰恰是投入学习理论的关键所在。

二、毕业设计的实践特色

2002 年暨南大学广告学系的毕业设计在 1998 级广告班作了初步尝试，经过五年多的探索与改进，现已形成了一套成熟、规范的操作模式。归纳起来有如下几点特色：

①　戴维·H.乔纳森.学习环境的理论基础［M］.郑太年，等译.上海：华东师范大学出版社，2002.

②　高文.情境学习与情境认知［J］.教育发展研究，2001（8）.

1. 借鉴国际广告公司品牌服务的成功运作经验，精心组织项目小组，进行整体方案的策划

当代国际广告界广告经营的流行做法是专门为客户成立品牌项目服务小组，这种做法的好处是合理配置广告公司的人力和物力，为客户提供深入细致的专业化服务。现在国内广告公司也纷纷效仿。我们认为：广告学系的毕业设计理应借鉴这一行之有效的运作经验。为此，我们将毕业班分成若干个小组（每组6～10人），每个小组根据本组的特长和兴趣，自己联系客户，成立该客户项目小组，小组成员严密分工：有负责市场调研的，有负责广告策划的，有负责创意表现的，有负责媒体投放与预算的，还有负责客户服务的。同时各成员间又要相互合作、相互配合。每小组一般安排两位指导教师，一位擅长广告策略，一位擅长广告创意。指导教师职责相当于广告公司的策划总监和创意总监，进行总体方向的把关。

2. 直接面对市场、面对客户，进行"实弹"练习，从而培养学生的市场竞争力

为培养学生的专业素养和操作能力，毕业设计不能从课堂到课堂，从理论到理论，它与毕业论文和课程作品有本质的不同。毕业论文侧重理论的研究和学术的探索，课程作品侧重培养学生某一方面的技能。而毕业设计就是要让学生直接与客户沟通、联系，了解客户的想法，实现客户的市场目标。这对在校学生来说是一个巨大的挑战，具有相当大的难度。但广告界有一句俗话说"广告是用脚做出来的"，所以我们要求学生必须深入该产品的市场一线，调查了解消费者的认知和感受，分析竞争对手的策略和手段，摸清市场的整体环境。"在战争，会战争"，学生在实战中学会掌握知识、理解知识和运用知识，这样才能真正内化为自己的东西，从而提高其市场竞争力。

3. 强调规范管理和创新意识的有机融合

为确保毕业设计的教学效果和教学质量，我们对毕业设计的操作过程和文本进行了必要的规范。操作过程分为以下六个阶段：

（1）准备阶段。

这一阶段学生要分组、寻找客户、洽谈项目内容，然后由系里安排指导教师。分组要求考虑专业特长的平衡、性别的平衡、内外招生的平衡，客户项目内容不能过于单一，要能够涵盖广告活动的主要环节，当然也可以有所侧重。指导教师则根据教师特长及与项目的相关性安排。

（2）运作阶段。

这一阶段要求客户配合完成市场调研、广告策划、创意表现和媒体投放等内容，提交项目策划书打印稿和光盘以及简化的PPT文件。策划书的格式与装

订规范都有严格要求。在这一阶段指导教师至少要与该小组进行三次面对面的讨论。

（3）预演修改阶段。

组织各项目小组对本组的策划进行初步演示（提案），然后由广告学系所有教师进行评判，提出修改意见。各小组根据教师的意见进行修改、完善策划。

（4）专家审阅阶段。

修改完毕后送广告学系教师和校外广告公司专家进行审阅，给出初步成绩。

（5）演示答辩阶段。

各小组先抽签决定演示顺序。每一组演示包括如下环节：演示讲解→提问答辩→客户意见→专家点评→评委打分。各组演示完毕后，当场公布小组成绩（平均分），并由系主任作学术总评。

（6）总结评价阶段。

给小组策划案和演示表现写出评语，并参照小组成绩和个人在小组中的贡献和表现，评定个人成绩。

在规范管理的同时，我们非常强调对创新精神的培养，鼓励学生发挥自己的想象力，张扬自己的个性。如我们虽对文本的格式做了统一要求，但需鼓励学生根据产品风格设计独特的封面。各组可自己创设提案演示的方式，内容重点可自己把握。

4. 在演示过程中培养学生的综合素质和知识的整合力

广告学系毕业设计具有很强的综合性，既可以培养学生的知识整合力，又可以培养学生的综合素质与能力。

首先，从知识结构来看，由于毕业设计的内容涉及市场调查与分析、广告策划、广告创意与表现、媒体策略与投放等，这实际上是将广告学系学生大学四年中的主干课程来一次大的综合，它需要将以下几门主要课程进行融会贯通（而非简单相加）：公共关系学、传播学、品牌战略与管理、广告学、广告策划、广告创意、广告文案写作、平面广告设计、消费文化。

其次，从素质和能力结构来看，毕业设计涉及联系客户、说服客户，这需要很强的人际交往能力、沟通协调能力；毕业设计涉及特定客户的特定产品或品牌的推广，这需要非常敏锐的市场洞察力和理性分析能力；毕业设计还涉及各类活动的策划与执行以及媒体投放，这需要胜人一等的策略性思维能力、策划能力和执行能力；毕业设计还涉及创意表现，这需要卓越的创意想象力、文案表现力和广告设计能力；此外，毕业设计还要公开演示，这需要良好的口才和提案能力。因此，通过全程毕业设计，学生在综合素质和能力方面可以有一个大幅度提高。

5. 在合作与竞争中提高学生的情商

"情商是一种控制情绪的能力，是一种非智力性的因素。1990 年，美国耶鲁大学心理学家彼得·萨洛维（Peter Salvoey）和新罕布什尔大学的约翰·梅耶（John D. Mayer）教授首先提出'情感智商'这一概念，并解释了情感在人的发展中的作用。"① 近年来情商问题已成为心理学和教育学的热点问题，研究者发现情商是比智商更为重要的成功因素。然而，令人遗憾的是现行的高等教育缺乏完善的情商教育机制，情商教育只是零星地分布在政治思想教育和心理咨询中。

广告行业是一个充满激烈竞争的行业，广告从业者面临巨大的压力和挑战，没有良好的心理素质是难以胜任的。所以，我们刻意在毕业设计中强调对学生情商的培养，使毕业设计成为广告学系专业培养学生情商的一种重要手段。具体来说有以下几方面：第一，通过团队操作来培养学生的合作精神、协调意识和集体荣誉感。现代广告行业运作是各方面人才通力合作的结果，毕业设计使得每一小组有一个共同目标。尽管每个学生都有自己的个性和工作风格，但一旦组成团队就必须服从大局，尊重他人，一起思考，完善方案，共同克服策划和操作中所遇到的难题。第二，通过客户评判或专家批评来培养学生的心理承受力。客户和专家只根据某品牌产品的市场前景和传播效应来评价某项毕业设计的水平，他们往往抓住缺点和漏洞不留情面地进行批评，这就要求学生在毕业设计的过程中不断增强自己直面挫折和失败的勇气与"不到长城非好汉"的意志力。第三，通过不同小组的竞争来激发学生的拼搏精神和进取心。由于毕业设计最后要进行公开演示、答辩并当场评定小组成绩，每一小组要经得起校内老师和业界专家的严谨拷问，还要给现场观众（主要是本系其他年级的本科生、研究生）留下深刻的印象，这就使他们不断完善本组的方案以赢得老师和专家的赞赏，并博得现场观众的喝彩。

总之，广告学系的毕业设计具有非常强的综合性、情景性（实战性）和激励性，它像一个大熔炉，对学生的知识与能力、智商与情商、规范意识与创新精神进行了一次全方位的历练与提升。

---

① 刘凡丰. 基于技术的教学新模式：投入学习理论 ［J］. 外国教育研究，2002（8）.

广告学情商教育的构想

王天权

（暨南大学新闻与传播学院广告学系）

摘　要： 广告学对情商教育的迫切需要是由广告学学科特性决定的。作为人文社会科学新兴学科，其核心要求就是传授和培养学生"沟通与传播"的知识、技巧及运用能力。情商教育途径有：一是通过课程体系的打造为学生情商培养提供知识与技巧储备；二是在课程之中培养团队协作精神；三是设计系列实践环节，强化学生将所学知识转化成为自主解决问题的情商能力。

关键词： 情商；情商教育；团队协作精神

一、情商与情商教育

人的心理精神活动，一般分理性和非理性两个方面。与之相对，人们将反映人的认知能力、思维能力、语言能力、观察能力、计算能力等理性能力称作"智商"（IQ，Intelligence Quotient）；反映人的感受、理解、运用、表达、控制和调节自己的情感关系，处理与他人之间的情感关系等的非理性能力，称作"情商"（EQ，Emotional Intelligence 或者 Emotion Quotient）。

人们对"智商"的认识与研究较为深入，并取得了一系列共识，对"情商"的认识与运用却是近年才刚刚开始。

哥伦比亚大学教授 E. L. 桑代克是第一个给"情商"命名的人，他用"社会智力"来概括个体拥有与其他人融洽相处的能力。

20 世纪 80 年代，"情商"一词出现。90 年代，美国耶鲁大学进行了关于"情商"与个人成就、幸福和职业成功的系列研究。耶鲁大学心理学家彼得·萨洛维和新罕布什尔大学约翰·梅耶提出情绪智能、情绪商数概念，后将情感智商定义为社会智力的一种类型，认为其包含三种能力：①区分自己与他人情绪的能力；②调节自己与他人情绪的能力；③运用情绪信息去引导思维的能力。

1995 年，哈佛大学心理学教授、《纽约时报》专栏作家丹尼尔·戈尔曼出版《情感智商》一书，提出，"情商"是人重要的生存能力，是一种发掘情感潜能、运用情感能力影响生活各个层面及人生未来的关键品质。他在书中指出："情商高者，能清醒了解并把握自己的情感，敏锐感受并有效反馈他人的情绪变化，在生活的各个层面都占尽优势。情商决定了我们怎样才能充分而又完善地发挥我们所拥有的各种能力，包括我们的天赋能力。"① 他将"情商"概括为五个方面的能力：①认识自身情绪的能力；②妥善管理情绪的能力；③发展自我激励的能力；④认知他人情绪的能力；⑤人际关系的管理能力。

随即，人们将心理学的这一最新研究成果，应用到对传统教育的反思之中，要求修正传统的"唯智教育"倾向，提出教育对人的全面发展，倡导"情商教育"。"情商教育"，简而言之，指在教育过程中，培养学生正确的态度、情绪、情感和信念等，以促进学生个体全面发展和整个社会全面进步，是现行教育过程的一个有机组成部分。在教育过程中，尊重和培养学生的社会性情感品质，发展他们的自我情感调控能力，促使他们对学习、生活和周围的一切产生积极的情感体验，形成独立健全的个性与人格②。

二、广告学情商教育的构想

广告学对情商教育的迫切需要是由广告学学科特性决定的。作为人文社会科学的新兴学科，其核心要求就是传授和培养学生"沟通与传播"的知识、技巧及运用能力。有效的"沟通与传播"成为广告学的专业特性。

从个体的心理品质构成来看，"情商教育"是个体心理品质中不可或缺的组成部分。

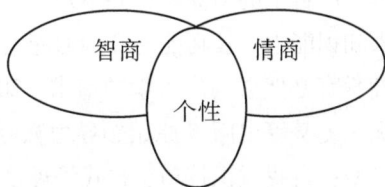

图1　个体的心理品质构成

由此可见，情商教育的基本目标是：

第一，提高学生情绪情感的自我调控能力；

第二，帮助学生对自我与环境之间的关系产生积极的情感体验；

第三，培养学生的社会情感。

---

① 吴维库．情商与影响力［M］．北京：机械工业出版社，2009.

② 鱼霞．情感教育［M］．北京：教育科学出版社，1999.

三者表明整个教育目标的达成和健全人格的培养，是情商教育的基本任务。不过，需要注意的是，情商教育仅是形成个体情商的一个环节。

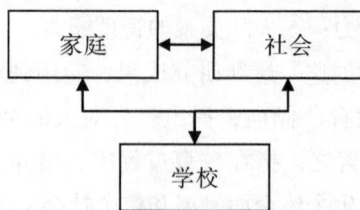

图2 影响情商形成的因素

重要的是，广告学情商教育是与其专业培养紧密结合在一起的。

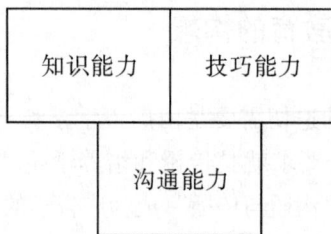

图3 广告专业人才素养的基本要求

广告学专业培养包括知识能力、技巧能力和沟通能力培养。三者相辅相成，共同塑造学生的专业素养。广告学的情商教育并不是一个独立于专业教育之外的填充环节，而是完全融入知识能力、技巧能力和沟通能力培养之中。

更进一步来看，情商教育必然成为广告学的追求。2002年，丹尼尔·高曼、理查德·波雅兹斯、安妮·麦基等出版《原始领导力》，将情商分解为四个独立的部分，提出情商技巧模型：自我意识技巧、自我管理技巧、社会意识技巧和关系管理技巧①。

我们用象限表达如下：

---

①　特拉维斯·布拉德伯里，琼·格里夫斯. 发现你的情商［M］. 戴勇，刘琛，译. 北京：电子工业出版社，2006.

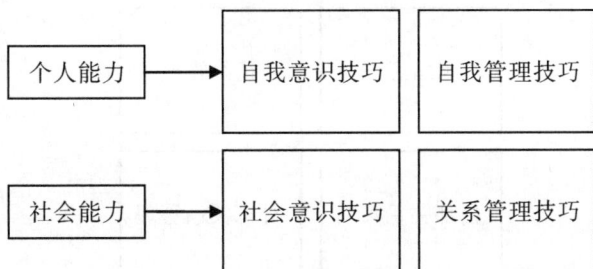

图4 情商构成象限图

从图4可以看出，情商是两种主要能力的产物，即个人能力和社会能力。个人能力集中表现在作为一个独立个体存在的能力，由自我意识和自我管理构成；社会能力表明个体与群体之间的关系处理，由社会意识和关系管理构成。

高等教育就是要塑造个性鲜明、富有魅力的人才，这必然要求其个人能力与社会能力融会贯通。

如何春风化雨、润物无声地将情商培养与专业教育相结合呢？

从我们的教学实践来看，情商培养个人能力和社会能力的具体措施可以如图5所示：

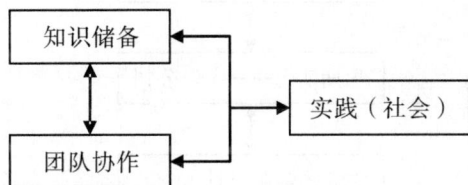

图5 广告学情商培养设计框架图

一是课程体系的打造，是为学生情商培养提供知识与技巧储备。例如，"消费行为学""广告心理学""广告客户关系管理"（AD－CRM）、"文艺美学""公共关系学"等课程的设置。

二是在课程之中培养团队协作精神，使学生在对广告专业作业的基本特性理解基础上，融入团队之中，并掌握团队协作方式与方法。

"广告策划""市场营销""广告媒体研究""市场调查"等系列课程作业，以小组形式进行，促使学生间的互动，使之在校期间的自由组合中领会团队意识与管理能力。

情绪意识	情绪管理
内部关系管理	外部关系管理

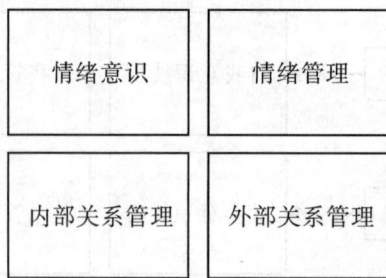

图 6　团队协作情商培养象限图

三是设计系列实践环节，通过实践，强化学生将所学知识转化成为自主解决总问题的情商能力。

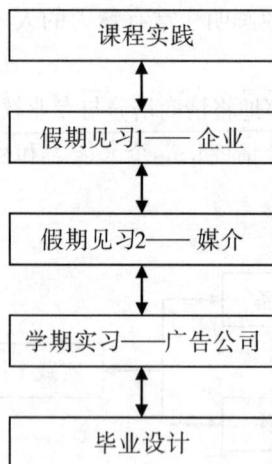

```
        课程实践
          ↕
   假期见习1——企业
          ↕
   假期见习2——媒介
          ↕
   学期实习——广告公司
          ↕
        毕业设计
```

图 7　系列实践环节设计

总之，广告学情商教育是广告专业特性与人才培养目标的自觉融合，是对当代心理学、教育学、管理学、社会学等领域知识的跨学科创新尝试。

"竞争角力场" 和 "互动学习圈" 的营造
——在广告策划课程引入真实项目的教学改革

谷 虹

（暨南大学新闻与传播学院广告学系）

摘 要：在广告策划课程中引入真实项目，有利于实现学校和业界的"无缝对接"，让学生既有竞争，又有互动，这对培养创新型广告人才具有重要意义。

关键词：广告策划课程；真实项目；群体压力；群体动力

一、广告策划："荷枪实弹"的军事演习

在我国广告专业的课程体系中，"广告策划"是核心课程之一，也是一门综合性和实践性都很强的课程。这门课程难度很大，这不仅反映在学生的学习上，也反映在教师的教学上。

从课程内容上来看，它是广告学专业几乎所有课程知识的综合运用：以科学、客观的市场调查为基础，以富于创造性和效益性的定位策略、诉求策略、表现策略、媒介策略为核心内容，以具有可操作性的广告策划文本为直接结果，以广告运动（活动）的效果调查为终结，这涵盖了现代广告运作的全部环节。事实上，每个环节都有一门甚至几门课程对其进行深入讲授，广告策划课程很容易变成其他专业课程的"大杂烩"和"炒冷饭"。我们认为，广告策划课程的培养目标应该侧重于能力层面，而非单纯的理论知识的讲授。具体来说，广告策划必须着眼于培养学生从策略甚至战略的层面进行创新的能力，提高学生统筹规划、团队合作、临场应变、人际沟通等综合素质。一般来说，广告策划设置在高年级，此时学生已经具备了比较完善的专业基础，是实施实践教学的最佳时期。"荷枪实弹"的演习有利于实现学校和业界的"无缝对接"。

从现阶段广告策划的教学效果来看，普遍存在着以下三方面的不足：第一，"笔记"文化盛行。学生在教与学的过程中只是被动地接受，创造力、自学能力和解决实际问题的能力极为欠缺。第二，"独生子女"后遗症愈加明显。学生们在强大的社会竞争压力下都很注重提高自身的专业能力，然而在学习中各自为政，缺乏沟通与合作精神。第三，理论与实践严重脱节，有的学生考试时对诸如"定义、分类、功能"的理论知识如数家珍，而到了工作岗位上要真正作出一份具有专业水平的策划方案却感到一筹莫展。

在具体的教学中，我们探索了一种以真实项目运作为核心的实践教学模式。从课程的定位和教学效果现状两个方面，对广告策划进行教学改革是十分必要而且可行的。以下将从教学观念、教学内容以及教学方法三个方面进行探讨。

二、竞争与合作：教学改革的主旋律

"纸上得来终觉浅，绝知此事要躬行"，广告学这门应用性很强的学科更是如此，更需要在教学中充分调动学生的积极性和主动性。如何使学生从被动的"听"变为主动的"行"呢？关键在于氛围的营造。人是具有主观能动性的，会根据周边环境和条件的改变而调整自身的行为方式。学生以群体的形式组织在一起，群体成员之间由于感染、模仿和暗示产生微妙的关系，由此形成的群体压力与动力会对成员个体的行为产生巨大的影响。作为一种教学手段，我们在广告策划的教学过程中引入社会心理学的合作原理，在课堂上创设一个互教互学的学习环境，让学生以团队的形式参与教学，通过人际交往促进认知发展。

1. "竞争角力场"：多层次的群体压力

有竞争才有压力，有压力才有动力，有动力才能最大限度地激发潜力和创造力。从本质上说，每个人都有学习的能力和欲望，只是有没有找到合适的途径发展而已。已产生学习能力而未能在行为上表现于外的现象，称为行为潜势（Behavioral Potential）。我们努力使学生们的这种行为潜势充分发挥出来。具体来说，我们营造的竞争氛围包含三个层次：第一层次是项目团队之间的竞争，我们引入广告业界最常见的比稿形式，即针对同一个客户的同一次推广要求，各项目小组运用多媒体技术等手段将最终策划成果向客户以及全班同学展示，一较高下。第二层次是项目团队内部部门之间的竞争。团队内部仍然按照广告业界的常规架构进行部门划分，即把十个同学按照专长分成客户部、市场部、策划部、创意部以及媒介部等。每个部门的成果都会体现在最终的策划方案中，每个部门的分数都会对小组总分产生影响。这样，每个部门都要努力表现得更好，不但不拖小组的后腿，还要力争上游。第三层次是团队成员之间的竞争。无论是项目组长还是部门负责人都是由学生自主选举产生，这样在团队内部就形成了一定的竞争，每个人都要争取自己的想法被采纳，成为团队领袖。

这种多层次的竞争造就主动学习、积极探索、勇于创新的学习氛围。学生要想获得更好的表现，不仅要在课堂上认真听课，还要在课余时间加班加点；不仅要做到人有我有，还要做到人有我新，绞尽脑汁寻求创新的道路。这种竞争所形成的团队压力还可以激发个人潜力。学生个人在团队成员面前作业时，由于众人的注意，加强了个人动机，因而表现出优于自己单独作业时的成绩，这就是社会助长。社会助长是一种心理作用，对个人的工作表现而言，之所以因社会影响而助长者，并非因个人的工作能力，而是因别人在场时增加压力，由情绪转为动机，因动机加强而格外努力，结果获得较佳的成绩。竞争也可以增强学生解决问题的能力。解决问题的能力是一种再学习的综合素质，具体包括能理解问题情境及其关键所在，能综合观念作合理思考，能从经验中形成个人的知识，能权衡轻重作出适当的抉择，善于运用多方资源以解决问题，凡事早有准备等。竞争氛围的营造还可有效利用年轻人争强好胜的心理，搭建平台使其获得成就感和满足感。事实上，在近三年的专业学习中，学生很希望获得一个一展锋芒的机会。这种肯定不仅来自老师的分数，还来自同学之间的评价，更来自客户真实的反馈。

2. "互动学习圈"：群体动力的"换挡加速"

由于项目运作和评分是以团队的形式来进行的，这就为学生的团队合作和互助学习提供了一个小环境。团队分数高，个人成绩才高；团队的方案得到肯定，个人的作品才有可能得到客户的关注。事实上，团队合作并非一群人组合在一起工作那么简单，一个高效率团队的形成受到团队成员来源及努力程度、团队组织和决策形式、团队领袖的能力和处事风格等因素的影响。

在团队成员组成方面，我们实施了两种尝试：在学期初的第一次项目策划中，我们按照学号间隔的原则把学生平均分成若干小组，称为"强制分组"，目的是打破"小圈子"，让平时很少交流的同学能够有机会互相合作学习。第二次项目分组我们采取了"自愿分组"的形式，目的是在前一阶段大家获得充分了解之后，自主选择合作对象，组成更具竞争力的项目团队。这种尝试取得了很好的效果。

团队合作是所有成员都朝着同一个方向努力，然而如何在充分发挥民主作用的前提下统一意见形成合力呢？领袖的产生和团队决策形式起着决定作用。在这个方面，我们采取了放权的形式，让学生在自然的磨合中逐步领悟和提高。团队领袖由学生自主选举产生，其领导地位在具体的项目实施过程中得到强化，这就避免了老师指定负责人的武断，同时发掘了很多班干部以外的"群众领袖"。团队决策（Group Decision）是指团体性的事务，是由团体中多数成员同意后所做成的决策。广告策划方案是一个项目成果，不仅前期市场调查必须由全体成员协力完成，后面一系列的营销策划、广告主题策划、活动策划、创意表现和媒介策划都必须环环相扣，一气呵成，这给团队整合能力提出了很高的要求。就像海陆空三军协同作战，没有强大的统筹组织能力是不可能实现的。无论是在课堂或是在课余的小组会议中，学生们都通过头脑风暴的方式热烈讨论、展示成果以及形成决策。

这种项目团队的课堂组织形式能够充分利用学生之间互动产生群体动力，

并且通过各种手段使之得以强化，使课堂真正成为所有学生都乐于参与的互动学习圈。这种学习圈一旦形成，不但对学生专业能力的提高有巨大促进作用，而且对学生人格的健全、社会适应能力的提高有重要意义。一方面，学生在团队合作中在专业知识方面能够取长补短，激发灵感；另一方面，学生在团队合作中学会如何去尊重别人的意见和将自己的意见想法表达出来，从绝对的个人主义转变成既强调个性张扬又有团队精神。事实上，通过这种形式组织课堂，不仅在同班学生之间，也在学生和老师之间、学校和业界之间形成互动学术圈。老师不再是高高在上的传道者，而是深入项目运作第一线的引路人，参与学生的讨论，与他们一同想点子，与他们一道接受业界专家和客户的评判，专业知识在实践中得到深化，师生关系也变得亲密无间。而邀请业界专家和客户代表来到课堂对学生们的方案进行现场点评，对学生来说既是一种鼓舞，也是一次弥足珍贵的学习机会。广告策划不仅是文本，还包括现场的演示以及与客户的沟通效果。来自业界专家和客户的反馈信息最客观、全面，也为学校和业界打开了一扇交流的窗口。

三、改革的成效和发现

经过几年的教学实践，从学生、业界的跟踪调查和反馈意见来看，我们认为在广告策划课程教学中引入真实项目的运作模式是可行的，对于改善传统广告教育中的某些弊端起到了很好的平衡作用，也有如下有趣的发现：

第一，主动学习气氛的营造关键在于"兴趣""竞争"和"成就感"，这种学习的经历和收获对学生来说受用终身。现代广告发展的趋势是分工越来越细致、越来越专业，市场调查、客户服务、媒介购买、创意制作等不同的发展方向对学生的能力要求不尽相同，而高年级的学生一般对自己以后的发展有了初步的设想，对于某方面的能力也有了一定的积累。团队内部的分工可以使拥有不同发展方向的学生有机组合在一起，使他们不同的能力和特长得以发挥。教育的本质是因材施教，当我们因为扩招而没有办法全面实施"一对一"的辅导教学时，可以利用这种小组分工的形式发现学生的专业兴趣和能力特长。当然，光有兴趣还是不够的，适当的竞争以及在竞争中收获的成就感，能够成为学生持续学习的精神动力。现实中的广告策划就像一场场战争，参与竞赛的人很多，但只有第一名是有意义的。广告常常涉及很多不同的行业，甚至是全新的行业，这就对从业者的再学习能力提出很高的要求。我们认为，无论是外显的学习行为还是内心学习的潜势，只有能持久才算是真正学习能力的获得。因为有些学习行为是迫于考试压力，只是暂时性产生的。考试一过，死记硬背的知识就抛诸脑后，为考试而积极看书思考的行为，也会随即消失而恢复原状。在这种实践教学的尝试中，学生尝到了自主学习和解决问题的乐趣，有利于持续学习习惯的养成。

第二，海外、港澳台、大陆学生的教与学并非不可协调，恰恰是取长补短。暨南大学的学生来源有一半以上是港澳台以及海外的华侨子弟，不同的文化背景和学习经历、不同的价值观和行为方式都给学校教学和学生之间的交流提出很大的挑战。基于此，很多课程提出了"分流教学"模式，把内外招生分开授课。而我们恰恰认为，多元文化背景的生源即是我们的特色，也是我们教学中可供开发利用的宝贵资源。对于广告专业学生的培养来说，这个天然的"万国会"是我们了解世界多样性的窗口，文化的不同可磨合出新的思路或互补不足，而广告创意的产生往往是多元文化碰撞的结果。在教学中我们发现，内外招学生各有特点，来自港澳台地区的外招学生对潮流资讯更为敏感，思维活跃，动手能力很强，团队合作的氛围较好，但是基础知识和逻辑思维能力较为欠缺；而内地的学生专业知识的系统性、组织能力、表达能力较强，但是合作精神、创新能力不足。在项目实践中，内外招学生得以在同一个平台下共同学习，取长补短，取得了很好的效果。有学生甚至说，内外招学生的混合搭配使他们第一次走进了对方的世界，并且在后面的学习中自觉融入对方的群体。

第三，从"灌输"到"领悟"，大学教育应该凸显学生的"主体性"。老师的角色在于引导，要把空间留给学生，让学生学会自觉学习、自主创新、自我总结。为了达到这个目的，我们尝试了很多新的做法。例如要提高学生现场提案水平，光靠老师讲提案技巧和注意事项是不够的，学生们对此感受不深，到了真正演示时又屡屡犯错。于是，每次项目提案我们都会用摄像机全程录下来，然后回放给学生看。看到自己的现场表现，就像照镜子一样，学生就能总结出好的经验和需要改进的地方，比老师讲解生动有效多了。

第四，经过实战项目的训练，我们发现学生不仅专业能力得到提升，而且人际沟通等社会适应能力也大大增强，这确实是意外之喜。学生从自我的小世界中解放出来，开放思想，接受别人的意见，能用恰当的方式表达自己的意见，能悦纳别人容忍别人的过失，能遵守与别人约定的时间，谨守岗位完成本职，能体察别人的需求与困难并尽量帮助别人，对人对己坦率而诚实，能体会到团队的价值和荣誉。

四、存在的问题和改革的难点

改革的尝试有经验也有教训，以下的三个问题是我们在教学中感受至深，并且正在设法解决的：

第一，成员在磨合期需要老师的适当指引。项目成员的随机分配并非都能一拍即合，有的小组合作就很不顺利：一种情况是团队成员个人能力都很强，都想起主导作用，明争暗斗，极大地削弱了团队的竞争力。另一种情况是团队的领导者过于强势，主宰了整个项目的决策，使其他成员的能力得不到充分的发挥。对于小组合作之间的种种摩擦，我们认为这是他们学习的一个重要过程，主张让学生自己去协商解决。当然我们也会设定一些游戏规则对其进行指引。例如在项目成绩构成中有 10% 来自团队合作的评价。建议小组在讨论时，由成员们轮流担任主席，或事先推举一人，负责对团队决策提出批评。对于团队领袖，我们要求应以公平态度引导成员自由表达意见；领导者个人的意见只能在全体成员言尽之后，再予说明；团队决策要遵循民主的原则，即使所得结论不合己意，亦须怀有雅量接受之。

第二，小组成绩与个人成绩的"有分有合"。项目运作是团队作业和个人作业的结合，如何对其做出客观合理的评判是此项改革的难点。中国有两句谚语，其一是"三个臭皮匠赛过诸葛亮"，意谓团队作业优于个人作业。其二，是"一个和尚挑水吃，两个和尚抬水吃，三个和尚没水吃"，意谓团队作业不如个人作业。事实上，人数多寡只是一个因素，成员的动机和参与的程度高低才是最重要的因素。小组成绩与个人成绩直接画等号，团队合作性增强，但也有可能导致责任分散与旁观者效应的产生。小组成绩与个人成绩差距过大，虽然能够体现成员之间能力的高低，但是又会滋生成员内部的明争暗斗。因此，个人成绩与小组成绩的评判之间需要找到一个平衡点，使团队能够产生必要的凝聚力，又使所有成员都受到重视并获得成就感。

第三，实战项目的来源需要进一步拓宽。在几年的实践教学中，我们引入的项目基本上都是以非营利性机构的广告策划为主，其中包括 2003 年广州日报杯全国报纸广告奖评选高校推广策划、2006 年暨南大学百年校庆庆典策划及形象推广、心连心狮子会"扶志助飞"工程 2007 年推广策划、2010 年亚运会形象广告与广州城市品牌战略策划等，方案全部提交给委托方并获得其肯定，取得了良好的社会影响力。之所以选择这类公益性项目，是基于以下考虑：其一，教学实践的目的是让学生获得运作真实项目的锻炼而非获得商业利益；其二，公益性项目周期相对来说比较长，易于配合学校的教学进度。然而，在实践中我们也发现公益性项目与商业项目在策划方面还是有一定的差异。商业项目对于方案的竞争性、时效性要求更强，目标群体也更为精准，对创意的表现力、活动执行力的要求也更高。这些都是学生实践能力中极为重要的方面，因此我们要加大一些品牌项目的引入力度，例如已经完成的珠江地产企业形象推广策划以及将要开展的南方都市报品牌形象推广策划，都是有益的尝试。基于项目经验的不断积累，我们相信能够在更高的平台上实现产、学、研的三方互动发展。

港澳台广告教育的现状

阳　翼　万木春

（暨南大学新闻与传播学院广告学系）

摘　要：本文从学制、课程设置、培养方案、师资力量等方面全面介绍了香港、澳门、台湾三地主要高等院校的广告系本科和研究生教育的基本情况。

关键词：香港；澳门；台湾；广告；广告系；广告教育

一、香港的广告教育

（一）香港广告教育概况

香港广告行业的竞争归根结底是人才的竞争。据统计，香港广告业雇佣员工有 11 000 多人，但香港的广告教育大学学额相对并不足够。截至 2005 年，香港的 8 所大专院校中，只有香港浸会大学提供三年全日制的广告课程。

香港为本地的广告业人才提供四种不同类型的培训：大专院校新闻传播学院的学位课程、大专院校非新闻传播学院的学位课程、大专院校非学位的广告学培训课程、广告专业团体的短期课程①。

1. 大专院校新闻传播学院的学位课程

全港八所大专院校都提供新闻传播学士学位课程，而内有广告学科的有六所。在这六所大专院校的本科课程中，以香港中文大学的新闻与传播学院和浸会大学的传理学院所提供的广告学训练最为全面。

2. 大专院校非新闻传播学院的学位课程

绝大部分非传播学位的课程都属于市场、商业或管理的专业训练。它们既有的专业范畴与训练已花去不少时间，故而一般不会给本质属于说服传播的广告学更多培训。

以上两类广告学科的培训课程，无论是新闻传播学院，还是非新闻传播学院开办的，素质上都有一定程度的保证，因为学位课程的学科，必须经过严格的

---

① 梁伟贤，李少南．香港的广告人才培养［J］．中国广告，2005（3）.

下编　『中国广告创新型教育模式研究』系列论文

学术评审才能通过。它们都有一个或一个以上的学术专业支持或互补，师资的学术水平有一定要求，学校也有较多的资源购买图书及设备，校外考试委员的督察对课程的学术水平也起了督导的作用。

2003 年秋季以前，香港所有与广告学有关的学位课程，都属于学士学位，内容集中在广告行业较为实务的训练。直到 2003 年秋天，香港中文大学新闻与传播学院才开设香港有史以来第一个广告学的硕士课程。

3. 大专院校非学位的广告学培训课程

香港有八所大专院校提供非学位的广告课程。绝大部分属于高级文凭或以下程度（94%），或是晚上上课的校外持续进修课程。当中以香港大学的 SPACE 小区学院和浸会大学的持续进修学院最为积极，提供了约三分之二（62%）的这类培训。这类课程的学期较短，上课时间也较具弹性，但是缺乏学位课程的各项优点。

4. 广告专业团体的短期课程

香港有五个跟广告行业有密切关系的专业组织，包括香港广告业商会（HK4A）、香港广告客户协会（HK2A）、香港管理专业协会（HKMA）、香港市务学会（HKIM）和英国特许市务学会（香港分会）（CIMHK）。当中只有香港广告业商会为有兴趣进入广告专业工作的人士，每年举办一次为期 12 周、每周两堂的广告实务入门课程。

（二）香港著名大专院校的广告教育简介①

1. 香港浸会大学

香港浸会大学传理学院是香港最好的新闻与传播系。香港浸会大学创立于 1956 年，是一所香港特区政府资助的公立大学。1968 年传理学系成立，设新闻、广播电视和公共关系三个系；1987 年开办传理学社会科学学士（荣誉）学位课程。1991 年传理学系升格为传理学院（School of Communication），现设有三个学系：电影电视系、新闻系及传播系，下辖组织传播、电影电视、数码图像传播、新闻（分中文、国际及广播电视三个方向）、公共关系和广告等多个专业。多年来，香港的传媒机构十分支持传理学院的活动与发展，为该院学生在暑期提供各种实习机会。

---

① 本部分参考了陈家华、陈霓的《广告公关新思维与香港业界对谈》（香港：香港城市大学出版社2006 年版）一书及各高等院校网页的相关介绍。

表1   香港浸会大学广告组学生必修课程

	第一年	第二年	第三年
与广告有关的课程	公关原理及实务；广告原理及方法	广告写作；广告媒介策划；从消费行为看广告及公关；公关及广告工作坊I；广告设计及视觉表达	公关广告宣传计划；公关及广告案例；社会传播及广告；公关及广告工作坊II；公关及广告荣誉项目
		可选公关及广告专题：公关及广告公司管理；进阶广告设计及视觉表达；进阶广告写作；其他公关组所修读的学科	
传理学院课程	传播概论；公开演讲；基要平面设计传播	传播理论；传播研究；传媒法则及道德	

资料来源：香港浸会大学传理学院。

注：1. 课程中文名称由陈家华、陈宽（2006）翻译；2. 主修公关及广告的学生于第二年分为广告组合公关组，此课程结构使用于广告组的学生。

香港浸会大学公关广告课程的所有教授均获得博士学位。2005 年，香港浸会大学的广告公关课程经国际广告协会（International Advertising Association，简称 IAA）鉴定为达到国际专业水准的营销传播课程，成为中国境内第一个获 IAA 认可的公关广告课程，毕业生将同时颁发 IAA 的营销传播文凭（Diploma in Marketing Communication）。截至 2004 年，全球有 51 所大学的广告公关课程为 IAA 所认可。

传理学院设有六个学生工作坊，分别为"新报人""新影人""新公关广告社""传播坊""数码坊"和"新广播人"。"新公关广告"是一个专为公关广告专业同学而设的工作坊，它成立于 1974 年。它的运作跟一般的广告公司相仿，提供客户服务、创作、公关、媒介及调查服务。学生可以从参与工作坊工作中得到宝贵的工作经验，使他们对公关广告行业有更深入的认识，使课堂学习与实践相辅相成。

浸会大学公关广告课程还有一个特点，就是三年级的荣誉项目/毕业论文（Honors Project），学生需要独立为一个广告客户准备一份一年的广告公关宣传计划书，内容包括市场分析、宣传目标、创意设计或媒介策划、宣传项目编排、财政预算及宣传计划后评估。项目考验学生的独立处事、研究分析和创意能力。历年的宣传计划非常出色，有些甚至被学者选作广告案例教材。

表2　香港浸会大学广告课程与国际广告协会（IAA）要求课程的时数比较

学科	IAA 要求课程的时数	香港浸会大学的时数
市场学原理	30～50	30
消费者行为	15～25	35
传播理论	15～25	45
市场/广告研究	25～35	45
广告原理	30～50	35
广告策略及管理	25～35	30
广告创意、文案、设计及制作	25～35	90
媒介策划	25～35	35
广告及社会	10～15	20
国际市场学/广告学	10～15	20
综合营销传播宣传计划	30～50	45
市场传播专题	30～50	45
机构暑期实习	相当于一学期	每周 40 小时×4 周
总计	300	500（不计暑期实习）

资料来源：陈家华、陈霓的《广告公关新思维与香港业界对谈》（香港：香港城市大学出版社 2006 年版）一书以及国际广告协会网站。

香港浸会大学传理学院自 1996 年开办传理学文学硕士（Master of Arts in Communication），学制为一年全日制或两年兼读制，学生须修够最少 24 个学分方可毕业。2004 年起，课程首次在中国内地及除香港以外地区招生，2004 年共录取 92 名学生，其中三分之二为香港本地学生，三分之一是中国内地及海外学生，全日制和兼读制各半。除了传播学理论与研究方法等必修课外，学生可以选择媒介研究或综合传播管理其中一个专业。综合传播管理注重机构/公司的传播行为，开设公关、广告及危机管理等理论及技能学科。媒介研究专注于社会变迁中的大中华地区传媒结构与传媒操作情况，主要培养高素质的媒介从业人员和管理人员。两个专业课程都与新媒体技术的发展和应用紧密相连。

表3　香港浸会大学传理文学硕士综合传播管理及媒介研究课程结构

必修科目	专业 A：综合传播管理	专业 B：媒介研究
传播学理论基础	跨文化传播	中华社会的传播与媒介
传播学研究方法	企业传讯研究	媒介法律与操守

中国广告创新型教育模式研究

（续上表）

必修科目	专业A：综合传播管理	专业B：媒介研究
媒介与社会	组织传播	大众传播问题个案
	传播宣传工作坊	新媒介工作坊
	广告管理	媒介经济学
	公关多媒体写作	
	战略公关和危机管理	
	消费者透析	
	国际广告	
	研究报告	

资料来源：香港浸会大学传理学院。

2. 香港中文大学

表4 香港中文大学公关广告本科生课程

公关专业写作	广告管理	互动媒体设计与发展
公关专题（一）	公关专题（二）	广告及公关研究
广告专题（一）	广告专题（二）	广告设计与制作
策略客户管理	公关案例和宣传活动	财务公共关系

资料来源：香港中文大学新闻与传播学院。

表5 香港中文大学广告学硕士课程结构

必修科目 （21个学分）	应用传播研究、广告及传播理论、创意作品：欣赏及策略、广告法则与伦理、传媒分析与策划、客户企划与管理、品牌与市场传播
选修科目 （9个学分）	传播研读专题（一）、传播研读专题（二）、传播研读专题（三）、互动多媒体设计及制作、公关关系专题（一）、公关关系专题（二）、广告专题（一）、广告专题（二）、广告撰稿及制作、公关案例和宣传活动、创意媒体写作、新媒体艺术、广告制作、新媒体广告、传媒产业策略分析、媒介管理、传媒经济学、危机管理、大中华区公关策略、文化传播、公关关系：理论与技巧、中国广告学、综合传播策略研究、当代传播论题研究、消费行为与受众分析

资料来源：香港中文大学广告学社会科学硕士课程简介。

下编　『中国广告创新型教育模式研究』系列论文

香港中文大学新闻与传播学院自1965年起开设新闻与传播学学士课程，该课程分为6个主修范围，包括新闻、广播、广告、公关、多媒体的电讯、传播学及创意媒体。自2005年起，该学院开办广告学社会科学硕士课程（Master of Social Science in Advertising），该课程旨在为广告界培养专业及优秀的广告人才，强调培养学生的理论、管理、创意、分析及研究能力，使学生能有效地计划、筹备及推行各类型广告活动。学制为一年全日制或两年兼读制，学生须修完最少30个学分方可毕业。

3. 香港城市大学

香港城市大学英文与传播系由2005年起开设整合策略传播学士学位课程。课程设计由五部分组成（见表6）。学生须修满20门学科方可毕业。

表6　香港城市大学英文与传播系整合策略传播学士学位课程结构

课程部分	学科
传播基础	传播学概论、国际传播、定量传播研究方法
广告公关	广告学概论、广告写作、公关学概论、公关写作
整合传播	整合策略传播、说服传播基础、传播管理、视像传播、危机传播、策略媒体策划
市场学及传播	整合营销传播原理与实务、市场学概论、消费者行为
媒体传播	媒体与社会、媒体写作
选修科目（任选两门）	互联网传播学、影片制作、暑假实习计划I、暑假实习计划II、中文传播媒介及广告学

资料来源：香港城市大学英文与传播系。

4. 香港其他大学及专上学院①广告课程

表7　香港浸会大学持续教育学院市场营销及广告学文凭课程结构

必修科目	选修科目（任选两门）
创意启发及商业行政人员表达技巧	市场营销与互联网
市场管理：理论与实践	服务市场学
消费者行为学	企业活动的商务推广

---

① 专上学院广义指中学以上的学术机构；狭义则指中学以上的学术机构，但不包括大学，例如香港树仁学院、珠海学院等。此处指后者。

中国广告创新型教育模式研究

（续上表）

必修科目	选修科目（选两科）
市场研究学	客户服务管理
综合营销传播	行政人员会计学
中港广告业环境	中国市场学
广告原理及推广	商务演讲专探
广告创意文案	职业英语写作专修
媒介策划	初级普通话
广告管理	中级普通话
	高级普通话

资料来源：香港浸会大学持续教育学院。

香港浸会大学持续教育学院有广告学专业证书课程（Professional Certificate in Advertising）。学生修完课程后可以申请入读衔接课程市场营销及广告学文凭（Diploma in Marketing and Advertising）。修完这个文凭后可以直接入读南澳州大学（University of South Australia）的商业学学士课程（Bachelor of Business）。

二、澳门的广告教育

澳门的广告教育可分为职前教育和在职培训两方面，职前教育主要指的是大专院校的系统教育，而在职培训则包括各类短期课程、研讨会和参观活动等。

澳门的大学教育中还未设置广告专业的学位课程，仅有一些相关的专业，比如澳门大学的传播系，提供新闻与公共传播和英文传播方向学士学位，以及传播与新媒体文学硕士学位；此外，还有澳门理工学院的平面设计学系、公关关系学系等。这些相关专业培养出来的人才基本能够满足澳门广告市场的需求。值得一提的是，由澳门管理专业协会和澳门生产力暨科技转移中心合办的广告高级专业文凭课程，自 1997 年开办以来，为澳门的广告人才的培养提供了更多的机会。

为澳门本地提供广告相关的在职培训机构主要有澳门理工学院艺术高等学校、澳门生产力暨科技转移中心、澳门管理专业协会、澳门业余进修中心、澳门设计师协会和澳门广告学会等。培训课程侧重在平面设计与电脑软件应用方面[①]。

---

① 胡锦汉 . 澳门广告业的人才培育 ［J］. 广告大观，1999（3）.

表8 澳门大学传播系英文传播方向课程设置

第一学年			
课程名	第一学期学分	第二学期学分	总学分
传播学（一）	3		3
传播学（二）		3	3
传播技术（一）和（二）	3	3	6
英语必修课（根据入学考试成绩而定）			
英语022/023 或 150/151 或 292/293 或 310/311 或 410/411	3	3	6
英语122/123 英语研究导论（一）和（二）	6	6	12
英语124/125 文学研究导论（一）和（二）			
定量方法			
基础宏观经济学	3	3	6
基础微观经济学			
大学数学导论			
统计分析（一）			
总计	18	18	36
第二学年			
课程名	第一学期学分	第二学期学分	总学分
传播媒介（一）和（二）	3	3	6
传播学（三）	3		3
公关关系		3	3
视觉传播和设计		3	3
广告学	3		3
聚焦英语技能：口语/公关演说	3	3	6
自由选修	6	6	12
总计	18	18	36

（续上表）

第三学年			
课程名	第一学期学分	第二学期学分	总学分
视频制作（一）	3		3
传播学（四）	3		3
传播技术（三）		3	3
视频制作（二）		3	3
新闻学（一）和（二）	3	3	6
英语研究选修课	3	3	6
自由选修课	6	6	12
总计	18	18	36
第四学年			
课程名	第一学期学分	第二学期学分	总学分
工作坊	3	3	6
传播学（五）	3		3
传播学（六）		3	3
英语研究选修课	3		3
自由选修课	9	12	21
总计	18	18	36

资料来源：澳门大学社会与人文科学学院传播系。

注：原表为英文，中文表达由作者翻译。

表9 澳门大学传播系传播与新媒体文学硕士课程设置

第一学年		
六门必修课		
课程名称	学时	学分
大众传播理论	3	3
大众传播研究方法	3	3
大中华地区文化与传播模式	3	3
国际与跨文化传播	3	3
公众舆论学	3	3

（续上表）

第一学年		
六门必修课		
新媒体传播研究	3	3
选修课（任选两门）		
新闻学与电子新闻专题	3	3
广告学专题	3	3
公关关系学专题	3	3
大众传播法规	3	3
传播与社会变迁	3	3
媒体功能与管理	3	3
多媒体设计与应用	3	3
英语专业写作	3	3
总计：24 个学分		
第二学年		
毕业论文		

资料来源：澳门大学社会与人文科学学院传播系。

三、台湾的广告教育

广告教育与业内的知识传递是衡量广告行业专业化程度与成长状况的重要指标。台湾广告业历年来的发展，为台湾广告教育奠定了坚实的基础。反之，台湾的广告教育又为广告业的发展提供了源源不断的智力支持。这两者之间业已形成稳定的良性循环。

（一）台湾广告教育的演进与特点

与发达国家的广告教育发展类似，台湾地区的广告教育在早年也依附于新闻教育或是商学教育。1957 年，台湾政治大学新闻系最早在新闻学中开设"广告概论"；1958 年 3 月，台湾法商学院首次开授"广告学"课程，紧接着其他学校也陆续开始授课；1968 年，私立醒吾商业专科学校成立两年制的"商业广告科"，并创办《广告人》刊物，共出版了 8 期。

政治大学与文化大学新闻系在 1968—1970 年于广告学之外，增开"广告运动与策划"及"印刷媒体广告制作"等课程。此时已有政治大学、辅仁大学的一些学生，在教授指导下先后进行广告学术研究和论文撰述。初期大多以新闻与传播媒体角度为重点，有些也从营销角度进行广告的相关研究。

进入20世纪70年代，跨国广告集团纷纷在台湾设立分公司，电视台也先后开始播放广告，进行大规模广告教育的时机渐趋成熟。教授"广告学"课程的学校科系与日俱增，如政治大学企业管理系、逢甲学院企业管理系、静宜文理学院商学系、成功大学企业管理系、淡江文理学院、台中商业专科学校、侨光商业专科学校、岭东商业专科学校、建国商业专科学校、淡水商业管理专科学校等院校，都将广告学列入教学范围之内。另外还有台湾师范大学美术系、文化大学美术系、大同工学院工业设计系、明志工专工艺科、台北艺专美术系以及台湾地区146所高级商业职业学校，都在这个时期开始教授"广告企划"课程。中国文化学院的"中华学术院"也于1971年创立"广告研究所"，并与中国文化学院推广教育中心合作，从1972年6月15日起举办了为期3天的"台湾第一届电视广告研讨会"，且于1974年出版了《广告学刊》第1期；辅仁大学的大众传播学系于1973年成立了广告组。台湾南荣大学的董事长沈达吉先生曾撰文称此时期为"广告专业知识与技术教育的阶段"。

台湾如此众多的大专院校在20世纪60—70年代开设广告学课程，这同其整体经济与国民生活水平提高、大众传播事业快速发展，以及政治环境改善等各种因素（见表10）息息相关。而其中最主要的原因，在于台湾经济迅速发展，急需大批具有营销与广告专业知识的人才。

表10　台湾20世纪60—70年代广告业影响因素一览表

时间	事件
1961	广告总额逾2亿新台币 台湾广告公司成立，国华广告公司成立
1962	台视开播 国华与日本电通缔结合作关系
1964	台湾经济第一次出超
1965	日本电通在台成立办事处
1967	中视开播
1969	广告总额达10亿新台币
1972	国民人均所得逾400美元
1973	广告总额逾23亿新台币

时间	事件
1976	广告总额逾 42 亿新台币 国民人均所得逾 1 000 美元
1980	广告总额逾 100 亿新台币 国民人均所得逾 2 000 美元

资料来源：根据刘建顺《台湾的广告教育概况与体验》[（台湾）中国广告学刊，1995（总1）]和丁俊杰《三谈我国广告教育存在的问题》（央视网站"电视批判"栏目．http：//www. cctv. com/tvguide/tv-comment/tyzj/zjwz/4997. shtml，2007 年 8 月 20 日）相关资料整理。

　　进入 20 世纪 80 年代，台湾岛内营销观念由生产导向转为营销导向，第三产业快速兴起，跨国大型广告公司纷纷涌入台湾，广告事业进入一个新的境界。同时，政府降低了广告教育的准入门槛，客观上使台湾广告教育跃升到了一个新的层次。1986 年 7 月 1 日，台湾的中国文化大学广告系正式成立并招收第一届学生，台湾广告教育正式迈入广告专业学术（理论与实务）教育阶段。1987 年 8 月，政治大学广告系也告成立，这两所大学的广告系为台湾地区广告媒体、广告公司、广告厂商提供了比较优秀的广告人才，也使得广告从业人员的素质比过去有了很大提高。与此同时，世新大学、铭传大学、淡江大学、辅仁大学的类似专业也都先后改组为广告系或正式成立广告学系。1994 年，文化大学还增设了夜间部的广告学系。到 1997 年，政治大学又设立了广告学研究所，并开始招收硕士研究生。①

　　1990 年之后，台湾广告教育相关系所的发展都具有了相当的规模，并表现出以下现象和特色：

　　（1）由于传播环境在"报禁"解除后大为改观，传媒产业对广告专业人才的需求甚为殷切，给应届毕业生提供了大量的就业机会。较为广阔的就业前景吸引了更多的和更高知识水平的在校学生选择广告专业。

　　（2）随着社会整体经济水平的提高，在各校院系的积极努力以及教育主管部门和社会力量的支持下，各广告专业的硬件设施在不断增添。以文化大学为例，文化大学设有 10 个学院 59 个学系，是台湾地区学系最多、学科最完备的综合大学之一。文化大学广告系借助学校资源优势，拥有电视广告剪接系统、广播广告制作系统、电视广告动画制作系统，还配设平面多媒体制作中心、广告与产品摄影中心、广告与产品冲印中心、广告图书数据中心等部门及各种所需设备，

① 刘家林. 新编中外广告通史 [M]. 广州：暨南大学出版社，2004.

中国广告创新型教育模式研究

使广告系学生能从中获得全方位的、更具有实用性的广告教育。

（3）由于社会工作人员的平均学历逐渐上升，且广告的学术研究也较过去更受重视，因此各大学广告专业纷纷设立广告学类研究所。在研究方向和手法上，也由过去单纯对广告内容的文本进行分析转向多元化，如量化研究、批判研究、媒体研究等，在此过程中也更为重视对其他学科最新研究成果的吸收与转化。

（4）重视师资队伍的建设。台湾广告教育界规定，对新聘专任教员，从1992年起具有博士学位者才予以考虑。这项规定促使广告专业教师队伍加快了更替进程，保证了更高的教学水平。一大批留学欧洲、美国、日本的年轻学者返回台湾任教，他们把更为先进的教学理念和研究方法带入岛内。另外，由各广告系所培养出来的优秀学生在经过一段时间的实务工作后，也已反哺广告教育，无论是专任还是兼职，都提升了教学品质和效果。

（5）课程内容的安排比较系统，循序渐进、反复权衡，在调整过程中一再斟酌课程内容的衔接与次序，综合考虑学生兴趣与实际需求等问题，课程设置渐臻完善。为保证学生能够将课堂所学知识与实践尽量结合，很多系所都聘请广告界资深实务人士担当教学任务。如在文化大学广告系的课程规划中，规划课程任务一定由专业杰出人士承担。赖东明教授（联广公司董事长）、柯一正教授（著名导演）、沈吕百教授（智得沟通广告公司董事长）、张百清教授（智得沟通广告公司总经理）、李志恒教授（实力媒体）、黄文博教授（相互广告公司创意总监）、陈敏明教授（著名摄影家）、潘家森教授（"中央印制厂"厂长）及黄识铭教授（资行市场系统顾问总裁）等都在受邀之列。在以广告专业课程为主的前提下，适当提高了其他应用传播学课程的比例，使学生在将来的工作中能够胜任广告、公关、市场营销、新闻媒体经营等方面的工作。所有四年级学生都要参加毕业实习与毕业展，以检验四年所学，及格者方能毕业。

（6）广告学术界并不满足于现状，各系所之间以及两岸间的学术交流更为活跃，并积极主动地参加广告行业的各种活动。在此应该指出的是，学术界的实证性研究结果更加坚定了岛内广告从业者将目光转向大陆的信心。

（7）大幅度增加对广告教育的投入，加快人才培养步伐，以高校广告专业为基地，逐步建立起广告专业技术资格认证制度。适度调整广告专业教育规模与结构，及时更新广告教学内容。

（8）特别珍惜并有效运用各界的协助、关怀与捐赠，以发挥最大功效。还以台湾文化大学为例，文化大学广告系的成长和发展也得益于广告界与热心人士的支持与赞助。例如联广公司董事长赖东明伉俪捐赠的"明梅广告策略提案竞赛奖学金"，除举办提案竞赛外，还聘请专家对获奖者加以训练，以符合专业标准，再向全系学生演出，形成了一种提案的传统与教育方式，深受各界赞赏。另有"电子广告媒介创意策略竞赛奖学金"，是由讲授"电子媒介广告制作"的柯一正与杨宝辉老师等捐赠授课薪资设立的，完全配合课程进度办理，收到了非常好的效果。

（9）通过各种竞赛奖学金与活动，鼓励与培养学生自信乐观、积极主动、开拓进取的精神，敦促学生不断成长为一股具有专业水准与道德勇气的进步力量来服务社会。

表 11　中国台湾之大学广告专业相关系所一览表

台湾的大学/广告相关专业/相关系所	台湾的大学/广告相关专业/相关系所
政治大学/广告系、研究所	元智大学/信息传播系
辅仁大学/广告传播系/ 大众传播研究所	朝阳科技大学/视觉传达系/ 传播艺术系
文化大学/广告系/ 大众传播系/ 资讯传播系	岭东科技大学/视觉传达设计系、研究所/ 数字媒体设计系、研究所/ 流行设计系、研究所
铭传大学/广告系/ 数位资讯传播学系/ 数位媒体设计学系/ 传播管理研究所/ 商业设计系、研究所	台湾艺术大学/图文传播艺术学系/ 应用媒体艺术研究所/ 视觉传达设计学系/ 多媒体动画艺术学系
世新大学/公共关系暨广告学系/ 资讯传播系/ 传播管理学系/ 传播研究所	台湾昆山科技大学/公共关系暨广告学系/ 视觉传达设计系、研究所/ 视讯传播设计系
大叶大学/视觉传达设计系/ 人力资源暨公共关系学系	树德科技大学/视觉传达设计系/ 应用设计研究所/ 流行设计系
台南科技大学/视觉传达设计系/ 商业设计系	台湾昆山大学/公共关系暨广告学系
淡江大学/大众传播系、研究所	云林科技大学/视觉传达系
实践大学/媒体传达设计系	台中科技大学/商业设计系、研究所
中原大学/商业设计系	高苑科技大学/资讯传播系

（续上表）

台湾的大学/广告相关专业/相关系所	台湾的大学/广告相关专业/相关系所
景文科技大学/视觉传达设计系	万能科技大学/商业设计系
台湾师范大学/大众传播研究所	环球技术学院/公共事务设计系
长荣大学/大众传播系	台湾交通大学/应用艺术研究所

注：以上大学排名不分先后。

资料来源：根据郑贞铭．20世纪中国新闻学与传播学：台湾新闻传播事业卷［M］．上海：复旦大学出版社，2005：177；梁庭嘉．如何大做广告［M］．汕头：汕头大学出版社，2004：201中相关资料整理。

（二）台湾高等院校知名广告系所简介

1. 文化大学广告系

文化大学广告系作为台湾第一个成立的综合性大学广告系，为台湾广告界培养了大批人才，在台湾颇负盛名，有"广告界充满文化"之美誉。它被文化大学列为中长期发展计划的重点，其近期目标是在五年之内建成台湾地区最完备、最多元化的广告教育中心。文化大学广告系曾于1971年在"中华学术院"成立广告研究所，举办广告研讨会，出版广告年刊。在联广公司等广告相关团体与机构的赞助下，还于1985年成立"台湾广告史研究中心"，开始有计划、有系统地从事台湾广告史料的搜集、保存、整理，以及杰出广告人的介绍与出版工作。

表12 文化大学广告系2006—2009年课程规划

学习领域	专业必修科目
新闻学院必修	媒体素养、传播理论、传播研究方法、传播统计学、传播伦理与法规
广告系必修	广告学概论、营销原理、消费行为与广告心理、创意原理、广告英文或广告日文、广告策略与企划、广告专题讲座、广告专题制作与实习
广告策略企划学群必修	广告媒介、媒体计划、营销研究
广告表现创作学群必修	设计基本原理、广告文案写作、广告设计
创意产业营销学群必修	创意产业营销、生活创意产业、文化创意产业、地方产业创意营销

表 13　文化大学广告系主要师资力量

姓名	学历	任教科目或研究领域
罗文坤	政治大学新闻研究所硕士	广告识别系统、广告创意策略、平面广告文案写作、电子广告文案写作、营销传播管理、品牌经营、创意原理
洪硕延	奥地利维也纳应用美术大学博士	美术、设计、视觉传达设计、美术创作
王和庆	(暂缺)	色彩学、版面编排、视觉传播专题讲座、印刷媒介广告制作、专题制作与实习
钮则勋	政治大学政治学博士	广告法规与伦理、广告策略与企划、公众营销与公关管理、公共关系个案、政府公关、竞选广告专题、公益广告专题、广告与社会
张文瑜	美国明尼苏达大学经济学博士	中外广告史、文化传播、广告英语、阅听人分析、广告学
陈燕玲	政治大学心理学硕士	项目管理、管理学、国际营销传播、广告讯息处理专题、传播营销学、品牌经营、广告学、广告经济学
漆梅君	(暂缺)	广告学概论、消费行为与广告心理、广告专题制作与实习
胡光夏(兼职)	美国宾夕法尼亚州州立大学传播学博士	产品规划
蔡淑梨(兼职)	美国壬色列理工大学企业管理博士	营销管理、策略营销
何清辉(兼职)	德国纽伦堡专业大学传播设计硕士	创意原理
李明哲(兼职)	世新大学传播研究所博士	网络营销与广告、社会营销、消费者行为学、广告学
柯一正(兼职)	美国哥伦比亚学院电影硕士	电子媒介广告制作

注：时间截至 2006 年 12 月 31 日。

　　该系现有"广告策略与经营"及"广告创意表现"两个专业方向，且分专业方向招收不同专长学生。未来预计开设的广告教育课程将分为三大学群：广告策略企划、广告创意表现以及创意产业规划，并计划继续发展公共关系、传播行销两个新专业。目前每年招收三个班学生，包括全日制的"广告策略与经营组""广告创意表现组"和以营销传播实战为重点的"推广进学部"。

广告策略企划开设经济学、广告心理学与企业经营方面的课程，从专题研究的角度，切入探讨不同个案中的广告策略应用与经营。广告创意表现课程则专注于创意与设计的表现，所主修的课程内容包含色彩学、艺术史、音乐概论、视觉传播、动画制作与各种艺术概念在创作方面的表现。

2. 政治大学广告系/研究所

政治大学广告系于 1987 年 8 月正式招生，硕士班亦于 1997 学年起招生。首任系主任由赖光临教授担任，其后又由王石番教授、郭贞教授、郑自隆教授、孙秀蕙教授、祝凤冈教授及赖建都教授出掌系务，而王石番、郭贞、郑自隆、赖建都等在台湾广告学界俱为一时之翘楚。

在"教学与研究并重、学术与实务合一"的办学方针指引下，政治大学广告系着力培养学识、品德、判断力兼具的广告与公共关系新人，训练在 21世纪中"最杰出的广告、营销、创意与公关实务研究领导人才"。并且，政治大学广告系还十分重视广告学以及公关学的理论研究，它通过《广告学研究》期刊的出版（约每年 2 期）、广告暨公共关系国际学术与实务研讨会（每年一届，2006 年是第十四届）的举办与其他渠道的宣传，业已成为台湾广告学研究的学术重镇。

表14　政治大学广告系 2004 级课程规划

课程类别		科目名称和内容	最低应修学分数
校级课程	基础语言通识；一般通识	包括中国语文 4~6 个学分、外国语文 4~6 个学分 分为人文学、社会科学、自然（生命）科学，各 4~12 个学分	28~32
院级课程	院共同必修	含下列六科，分别是：大众传播概论（全学年，共 4 个学分）、大众传播史（一学期，3 个学分）、媒介写作概论（一学期，3 个学分）、视听传播（一学期，3 个学分）、传播理论（一学期，3 个学分）、传播研究方法（一学期，3 个学分）	19
	院共同选修	如传播英文、现代文选、传播法规等科目，可视当学期开课状况及个人兴趣自行选修	自由选修
	工作坊	为无学分之短期训练，旨在提供修习本院各项课程前所需的基本技能，如排版、绘图、摄影、流动影像与声音制作等	无学分

（续上表）

课程类别		科目名称和内容	最低应修学分数
系级专业学程	公共关系学程	公共关系概论、公共关系实务等	18
	广告企划学程	广告学、营销学、心理学、整合营销传播、广告企划等	24
	跨媒体创作学程	毕业制作专题、艺术理论与赏析、应用设计、绘画表现、数字艺术、表演艺术、流动影像表现等	24
自由选修		学生可依照个人兴趣、能力与人生目标选修	自行规划

　　在课程安排上，该系以"广告营销"与"公共关系"为本科培养的核心理念。自1998年起，此系配合政治大学传播学院学程规划，规定最低毕业学分为128个学分。除校级、院级必修科目及自由选修科目外，学生必须在本系"广告企划""公共关系"与"跨媒体创作"三个专业方向的学程中至少选修一个学程，并依规定修毕相关学分才能毕业。

　　对于研究生培养的课程设置，除在研究生一年级有"广告学原理"与"研究方法"两门必修课外，还有如下一些选修课目，见表15：

表15　政治大学广告系研究生选修课程

主题	课程名称
广告学术理论	广告心理、说服理论、公共关系理论、消费行为
广告伦理与法规	广告伦理与法规、广告与批判理论、广告与社会
广告创意	影像传播研究、广告创意研究
广告媒体	网络广告研究、广告媒体企划研究
广告研究方法	进阶量化分析、广告效果研究
广告经营与管理	广告管理与营销策略
全传播策略规划	整合营销传播
专题研究	国际广告研究、跨国性推广活动研究、国际营销传播、跨文化消费行为研究、竞选广告专题、市场分析与广告企划、广告讯息处理专题、公共关系管理专题、广告史专题、媒介营销、企业沟通

注：学分数均为3个学分。

中国广告创新型教育模式研究

表 16　政治大学广告系主要师资力量

姓名	学历	任教科目或研究领域
赖建都	美国宾夕法尼亚州州立大学科技艺术博士候选人	网络广告、数字艺术、广告创意与设计
郭贞	美国密西根大学博士	消费行为、传播理论、研究方法
郑自隆	政治大学政治学博士	竞选广告、广告效果评估
祝凤冈	美国纽约市立大学博士	广告策略与企划、营销研究、媒体策略与企划
孙秀蕙	美国威斯康星大学博士	公共关系、民意调查
黄懿慧	美国马里兰大学博士	公关理论与管理、公关议题与危机管理
游本宽	美国俄亥俄州立大学硕士	影像美学与创作
张卿卿	美国威斯康星大学博士	广告学、营销学
陈文玲	美国德州大学博士	创意策略、广告企划
陈忆宁	美国德州大学奥斯汀分校博士	公共关系、传播研究方法、政治传播
吴岳刚	美国德州奥斯汀大学广告研究所硕士	广告设计、平面设计、视觉设计与说服、广告图文关系
罗文坤（兼职）	政治大学新闻研究所硕士	产品规划
庄伯仲（兼职）	美国韦恩州立大学博士	广告与营销于新媒体之应用、计算机中介传播

注：时间截至 2006 年 12 月 31 日。

3．辅仁大学广告传播系

该系前身为辅仁大学大众传播系之下的广告组（设立于 1984 年），于 1997 年升格为广告传播系。此系以培养具有"全人教育"思想与专业素养的广告传播人才为目标，以传播基础学科、一般基础学科及营销管理学科为三大基础方向，并努力在课程设置中体现这一"全人"特点。

表 17　辅仁大学广告传播系课程规划

课程类别		科目名称
基础学科	一般基础学科	国文、外文、英语听讲、历史与文化、信息科学概论、大学入门、社会学、心理学、经济学、人生哲学、企业管理、美学、摄影作品导读、军训、专业伦理、通识教育、人文、自然科技、社会科学、体育
	营销管理学科	营销个案研究、营销原理、营销策略、社会营销、消费行为、市场调查、电子商务与网络营销、服务营销、品牌管理、顾客关系管理、财务会计分析
	传播基础学科	媒介批评、大众传播理论、大众媒介与社会、传播统计、传播统计实习、传播研究方法、传播统计计算机应用、印刷原理与印前作业、电视原理与制作
专业学科	广告企划	媒体企划、媒体企划实务、广告学、广告法规、广告创意导论、专业实习、广告效果测定、广告基本设计、专业实务制作、广告策略与企划、印刷媒介与广告制作、广告影片企划与制作、整合营销传播、广告文案、广告项目活动企划、广播广告企划与制作、网络广告制作与设计、广告管理专题、广告个案研究、广告项目活动展示设计、政治广告、广告影片后期制作、论文写作方法、论文提报方法、广告英文
	公关企划	专业实习、论文写作方法、论文提报方法、专业实务制作、公关概论、公关个案研究、游说与政府公关、公共关系管理、公关写作、公关策略与企划、公关实务制作、公共关系与媒体策略、政策营销与政府公关
	多媒体企划	影像阅读与解析、基础摄影、进阶摄影、应用摄影、专题摄影、摄影设计、专业实习、计算机书册广告设计、专业实务制作、计算机数字影像设计、计算机影像处理、计算机插画设计、计算机绘图、CI 制作、特殊影像研究、3D 动画、计算机排版、论文写作方法、论文提报方法

　　为了鼓励、帮助在校学生安心学习，辅仁大学广告传播系还多方争取奖学金项目，现有校级和社会人士提供的辅大书卷奖、王惕吾新闻系所奖学金、世界广播奖学金、国泰人寿奖学金、董显光新闻奖学金、潘公展新闻奖学金、萧同兹新闻奖学金、陈博生新闻奖学金、沈吕百急难救助金等共计 14 种。

表 18 辅仁大学广告传播系主要师资力量

姓名	学历或现职	任教科目或研究领域
吴宜蓁	美国南伊利诺伊大学新闻博士	公关策略与企划、公关概论、公共关系专题、危机传播专题
陈尚永	美国威斯康星大学麦迪逊分校大众传播学博士	传播研究方法、大众媒介与社会、电视原理与制作、大众传播理论、专业实务制作、电视问题研究、广告理论研究 、市场调查、论文写作方法
洪雅慧	美国威斯康星大学麦迪逊分校大众传播学博士	广告学、广告文案、广播广告、广告法规、政治广告、传播统计计算机应用、政治传播
萧富峰	政治大学企业管理研究所博士	经济学、营销原理、营销策略、服务营销、品牌管理
张佩娟	美国密执安州立大学广告学硕士	企业管理、社会营销、专业实务制作、广告文案、广告企划（辅）、广告策略与企划、广告项目活动企划、广告效果测定、项目实习、广告法规、专业伦理
尤英夫（兼职）	联合律师事务所律师	广告法规
谢明顺（兼职）	玄奘大学兼任副教授	专题摄影、特殊影像研究
吴秋美（兼职）	台北市政府新闻处副处长	公关写作、政策公关与政策营销
朱诣璋（兼职）	凯络媒体总经理	媒体企划、媒体企划实务
赵政岷（兼职）	《中国时报》副总编	营销个案研究
芮家榏（兼职）	可口可乐对外事务部经理	公关企划
黄文博（兼职）	就是广告公司总经理	广告创意导论、创意实务
尤元靖（兼职）	精英公关公司副总经理	公关写作、公共关系管理
陈薇雅（兼职）	麦当劳助理副总裁	整合营销传播

注：时间截至 2006 年 12 月 31 日。

4. 铭传大学传播学院广告系

铭传大学广告系成立于1999年。该系依循铭传大学传播学院"整合传播"的教学模式，在既有大众传播与营销管理的基础上，结合传播科技培养兼具创意、人文素养、社会责任的广告与公共关系的管理人才。该系本科生一、二年级，主要修习传播学院的传播专业核心课程。自三年级起，课程设计着重于广告与公共关系理论、广告与公共关系实务、管理营销和网络广告四种专业人才的培育。铭传大学广告系从2003年起每月举办研讨会并不定期出版《传播管理学刊》杂志（2006年底出至第7卷第3期）。

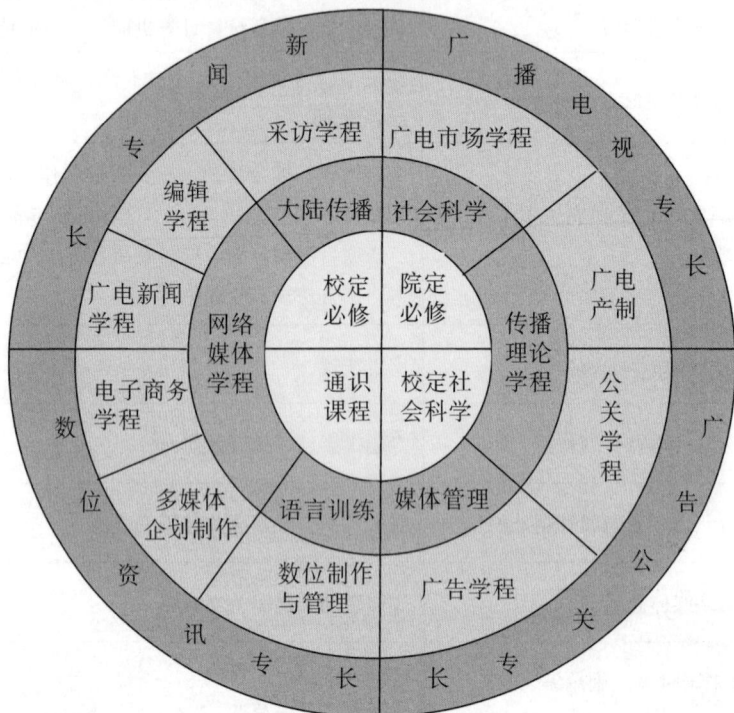

铭传大学广告系课程设计图

资料来源：铭传大学传播学院广告系网站，http://www.mcu.edu.tw/department/comm/adv/web/index.htm。

中国广告创新型教育模式研究

表 19　铭传大学传播学院广告系主要师资力量

姓名	学历	任教科目或研究领域
陈耀竹	台湾交通大学管理科学研究所博士	营销人力资源管理、广告策略、决策分析
刘大贝	美国南加州大学公共管理学博士后	管理理论与实务、媒介经营管理
黎佩芬	美国德州大学奥斯汀分校广告学博士	公共企划、广告营销、消费者行为
陈佳慧	淡江大学管理科学研究所博士	企业管理、经济学、媒介经济学、会计学
方凤山（兼任）	美国堪萨斯大学新闻学院硕士	新闻理论
蒯亮（兼任）	美国加州索诺马大学企业管理研究所硕士	媒介经营与管理
赵麟（兼任）	美国哈佛大学肯尼迪学院硕士	传播法规、国际关系
陈才（兼任）	美国雪城大学广电研究所硕士	电视制作、媒介批评
王长安（兼任）	美国爱荷华大学电影电视研究所硕士	电影评论、电影史

注：时间截至 2006 年 12 月 31 日。

（三）台湾地区的广告著作与业内知识传递

1. 台湾地区的广告著作

台湾地区广告学科的快速发展是实践与理论相结合的结果。在发展进程当中，台湾涌现出一批卓有成就的广告学者，他们当中的很多人同时也是广告业界的知名人士，有着比较丰富的实战经验。因此，其著作不但具有很高的理论深度，亦具有很强的可操作性。比较著名的广告学者与著作有如下一些：

王德馨著《广告学》（台北三民书局 1959 年版）。1958 年 3 月，台湾省立法商学院企业管理学系首开"广告学"课程，由王德馨担任教授，次年 10 月，他出版了这本《广告学》。王德馨可谓是"台湾一位最早的广告学术创导者"（樊志育语）。

杨朝阳著《广告的科学》（台北朝阳堂文化事业股份有限公司 1982 年版）。此书是杨朝阳的力作，曾连续发行 29 版，是台湾广告从业人员及广告学专业学生必读必备的专业书籍。杨朝阳的其他专著还有《广告战略》《广告企划》《实用创意法——商品开发、行销广告发展的新潮流》等。这些书都曾被列入台湾朝阳堂"行销·广告选书"及"企业人实用系列"等系列丛书，久居畅销书排行榜前列。

辅仁大学与中国文化大学教授颜伯勤著有《广告的经营管理》（台北新闻记者公会1977年版）、《广告学》（台北三民书局1978年版）、《广告》（台北允晨文化实业公司1984年版）、《店面广告学》（台北三民书局1987年版）、《二十五年来台湾广告量研究》（"中央日报"社出版部1987年版）、《成功广告80例》（中国友谊出版公司1991年版）等。

辅仁大学大众传播系教授、国际广告协会台湾分会秘书长刘毅志编译有《怎样创作广告》（台北天一图书公司1987年版）、《广告活动策略新论》（中国友谊出版公司1991年版）、《广告攻心战略——品牌定位》《广告媒体研究》《广告写作艺术》（中国友谊出版公司1991年版）等。

曾任教于醒吾商业专科学校商业广告科的樊志育著有《广告设计学》（台北三民书局1973年版）、《广告学新论》（台北三民书局1973年版）、《店面广告学》（台北三民书局1976年版）、《广播电视广告学》（台北三民书局1983年版）、《中外广告史》（台北三民书局1989年版）、《广告学原理》（台北三民书局1992年版）等[①]。

政治大学的郑自隆著有《竞选文宣策略——广告、传播与政治行销》（台北远流出版公司1992年版）、《竞选广告》（台北正中书局1995年版），孙秀慧、冯建三合著有《广告文化》（台北扬智出版公司），新闻研究所的彭芸教授著有《政治广告与选举》（台北正中书局1992年版），郭贞教授翻译了《广告目标与效果测定》（台北滚石文化出版公司1997年版）。

文化大学的蓝三印、罗文坤教授著有《广告心理学》（台北天马出版社1979年版），刘建顺著有《现代广告概论》（台北朝阳堂文化事业股份有限公司1995年版），纽则勋著有《政治广告：理论与实务》（台北扬智出版公司2005年版），佛光传播学研究所的胡光夏教授著有《国际广告产业研究》（台北五南书局2002年版）。

台湾业界人士结合广告事务所撰写的著作同样硕果累累。资深广告人、联广董事长赖东明著有《广告之路》（台湾新生报社1981年版），是作者从事广告事业20年的经验之谈。此外还著有《30年广告情：赖东明谈广告、行销、

---

① 以上部分主要参考了刘家林《新编中外广告通史》（第2版）（暨南大学出版社2004年版）一书中的相关内容。

传播》（台湾英文杂志社 1994 年版），译有《成功的广告活动》《一个广告人的自白》《摘星的男人》《广告鬼才——吉田秀雄》等书。

智得沟通广告公司董事长沈吕百著有《30 秒的感动——广告见真情》《你今天工作的心情好不好——广告人情绪管理》等书，智得沟通广告公司总经理张百清著有《台湾 CI 战略》《日本 CI 战略》《企业形象（CIS）另类主张》《CIS 发展与国别模式》《12 类 5 因数透析房产广告创意作品点评》等书。

奥美中国整合行销传播集团副董事长庄淑芬著有《奥美有情》，并主持编译了《广告大师奥格威——未公诸于世的选集》《如何做广告》《奥美的观点》等书。陈俊良曾著有《广告媒体研究》一书，普遍被采用为媒体计划培训教材。

资深广告人黄文博著有《广告游戏》《鸡蛋里挑骨头》《越活越灵光》《关于创意我有意见》《去它的广告营销》《让顾客掏腰包的策略营销》等书。周绍贤著有《最 high 的广告创意》《引爆创意 54 个奇招》《广告 IQ 大放送》等。

此外，获得过较好评价的书籍还有如下一些：范可钦著有《做个创意大爷》（台北平安文化有限公司 1999 年版）、庄丽卿著有《认识广告》（台北远流出版公司 1995 年版）、邱莉玲著有《广告阳谋——广告创意大公开》（台北时报文化出版公司 1999 年版）、张成华著有《赢在简单——广告创意人的工作哲学》（台湾商周出版社 2000 年版）、黄守全著有《广告鲜频道》（台北时报文化出版公司 2001 年版）、邱丘著有《创意不正经》（台湾星定石出版公司 2001 年版）等。

2. 业内重要刊物、奖项和培训

台湾地区广告专业及学术研究刊物主要有《动脑》《广告杂志》《广告年鉴》《广告创作年鉴》《广告学研究》等。

《动脑》由赖东明先生发起，创刊于 1977 年 7 月 1 日，在海峡两岸和香港具有很大影响。《广告杂志》于 1991 年 2 月正式出版。以上两种均为月刊。《广告学研究》由政治大学广告系编辑出版，每半年一期。

1984 年，台湾地区出现了第一本《广告年鉴》（哈佛企管，1984 年 1 月），收录了 1983 年台湾的优秀广告作品，但仅出一期。1989 年 6 月，由"特别是广告代理商业同业公会"编纂的台湾地区第二本《广告年鉴》出版，内容包括时报广告金像奖获奖作品简介，以及台湾地区广告业 40 年大事记等。此后每年出版一册，为我们研究和了解台湾广告业生态提供了宝贵资料。另外，台北印刷与设计出版社还每年编辑有《广告创作年鉴》，收录台湾每年优秀的广告设计作品。

在业内奖项方面，除嘎纳（Cannes，台湾又译为坎城、康城）、莫比、克里奥、纽约、伦敦、艾菲这些国际性的广告大奖之外，具有较大影响力的广告奖项还有：龙玺环球华文广告奖、时报世界华文广告奖、时报广告金像奖（限台湾地区）、时报广告金犊奖、亚洲户外广告大奖、亚太广告奖、亚洲平面设计大奖、4A 自由创意奖、TAA 广告策略竞赛、流行广告金句奖（限台湾地区）、流行广告金句奖"学生金句奖"（限台湾地区）等。

由台湾《中国时报》出资兴办的"时报广告金犊奖"是台湾历史最久、最具权威的一项广告评鉴活动。自 1978 年创办以来每年举行一次，从未间断。时报广告金犊奖更成为业界对广告新生力量表示认可的一致标准。

在培训方面，各个广告公司除想尽办法搜罗现有人才之外，以 4A 为首的公司也比较重视内部人才的培养。其通过各种培训机制，结合内部资源与外部资源，定期或不定期地对员工的专业素质进行提升。以台湾奥美的前身国泰建业为例，在台湾尚未完全开放广告业市场之前，国泰建业与奥美合作，每年要付将近两百万新台币的费用用于员工培训。广告名人庄淑芬在 20 世纪 80 年代中期，即曾扮演过将外在知识转化成能被内部员工理解的知识的跨界人（Spanning Boundaries）角色。当时，庄淑芬亲自翻译整理每篇文章，为奥美建立起严谨的训练系统和培养出一批批广告界精英。华纳唱片总经理周建辉、雅虎奇摩总经理邹开莲等，还有现今不少传播界的 CEO，过去都是奥美人。2003 年 2 月，全球奥美将原仅属于奥美客户关系营销顾问的知识网站"Truf-fles"改版成全球奥美人跨专业·跨地域的知识平台，有系统地呈现奥美在各领域的理论、方法、工具和应用，并设有不同的虚拟社群，鼓励所有奥美人上网交流与搜寻"知识"。虽然文化之间的差异依然存在，但是这种开放性的"知识传递"视野是值得肯定的。奥美不但设有集团训练总监，各传播技能也设有训练负责人，它在训练上的投资及经验的累积传承方面在业界可谓独一无二。人力资源中心通常会汇总平常所收集的员工培训需要和建议，并向集团训练总监反映目前现状，同时提出相关人员的训练建议。①

① 张金海，程明 . 广告经营与管理［M］. 北京：高等教育出版社，2006.

后　记

从历时性维度来看，本书的命题"中国广告创新型教育模式"，本质上是一个随时代发展而持续变化的动态过程。广告教育模式应当不断适应社会对广告人才的需求，从根本上解决社会、经济、市场的飞速发展与广告人才供给之间不平衡的矛盾。在这个意义上，本书可以说仅仅是这一动态研究中的一小段切片而已。本书是教育部中国广告人才培养基金项目重大项目"中国广告创新型教育模式研究"以及广东省高等教育教学改革项目之重点项目"广告学创新人才培养的研究与实践"的阶段性成果。本项目实施以来，得到了各大广告院校、广告公司、媒体机构等企事业单位的大力支持。项目由杨先顺主持，陈韵博、谷虹、李苗、万木春、星亮、阳翼、杨先顺和朱磊先后参与课题研究工作。安佳、程伟、李霞、李叶、刘佳丽、刘俊、刘雯婷、邱湘敏、苏丽萍、王慧、王一晶、张山竞和周韵分别针对高校、广告公司、（甲方）企业和媒体机构，深入开展调研活动，参与问卷发放和回收、数据统计以及调研报告的撰写。暨南大学出版社张仲玲副社长和周海燕女士为本书的顺利出版做了大量工作。在此，我们对支持本课题的各位同仁、参与课题的各位同事、研究生以及暨南大学出版社的领导和编辑，表示诚挚的感谢。因作者水平有限，书中错谬之处在所难免，恳请各位同行、专家和广大读者批评指正。

编者于暨南大学

2017 年 10 月

图书在版编目（CIP）数据

中国广告创新型教育模式研究/杨先顺，朱磊主编．—广州：暨南大学出版社，2017.11
（岭南广告学派丛书）
ISBN 978 - 7 - 5668 - 2242 - 0

Ⅰ.①中… Ⅱ.①杨… ②朱… Ⅲ.①广告学—人才培养—教育模式—研究—中国 Ⅳ.①F713.80 - 4

中国版本图书馆 CIP 数据核字（2017）第 266473 号

中国广告创新型教育模式研究
ZHONGGUO GUANGGAO CHUANGXINXING JIAOYU MOSHI YANJIU
主 编：杨先顺 朱 磊

出 版 人：徐义雄
策划编辑：张仲玲
责任编辑：周海燕
责任校对：何 力
责任印制：汤慧君 周一丹

出版发行：暨南大学出版社（510630）
电 话：总编室（8620）85221601
　　　　　营销部（8620）85225284 85228291 85228292（邮购）
传 真：（8620）85221583（办公室） 85223774（营销部）
网 址：http://www.jnupress.com
排 版：广州市天河星辰文化发展部照排中心
印 刷：广州家联印刷有限公司
开 本：787mm×1092mm 1/16
印 张：10.25
字 数：200 千
版 次：2017 年 11 月第 1 版
印 次：2017 年 11 月第 1 次
定 价：36.00 元